武术随笔北京
1760年

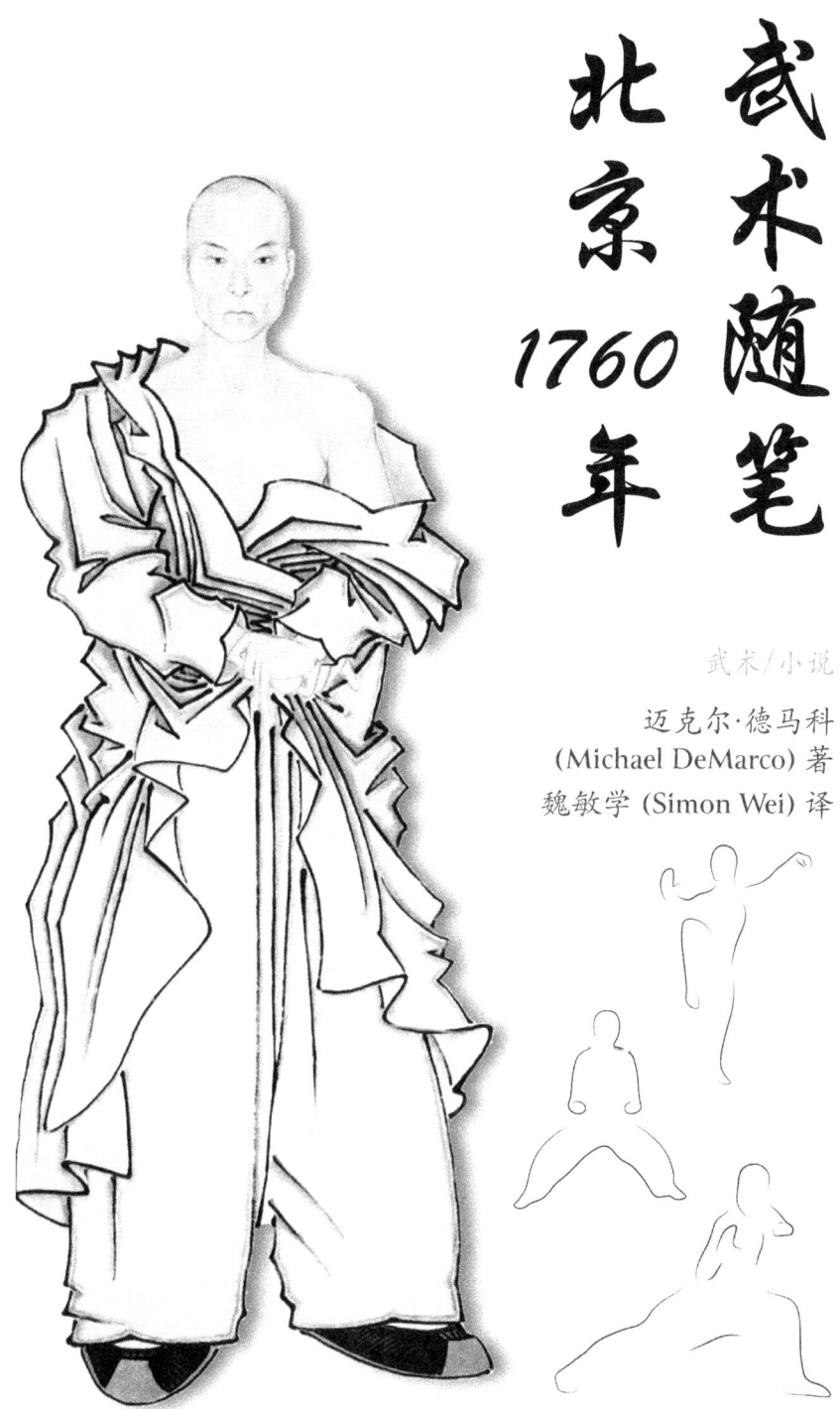

武术随笔
北京1760年

武术/小说

迈克尔·德马科
(Michael DeMarco) 著
魏敏学 (Simon Wei) 译

读者评价

"大师之作！这些文章犹如串串瑰宝。这本书注定与太极经典并驾齐驱、成为武术的开创性指南。"
▶ C.J. 罗兹、教育学博士、太极拳爱好者组织创始
(C. J. Rhodes, Founder of Taijiquan Enthusiasts Organization)

"这些文章为理解中国武术的独创性提供了至关重要的启迪。"
▶ 朱守彤、哲学博士、澳门大学中国历史文化研究中心主任
(Director, Centre for Chinese History and Culture, University of Macau)

"巧妙的构思、探索分离并加强个人对中国武术跨文化的和技术的完整性的理解。"
▶ 菲利普·戴维斯、哲学博士、布鲁内尔大学情报与安全研究中心副主任；马扬拳道
(Philip H.J. Davies, Deputy Director, Brunel University Centre for Intelligence and Security Studies; Kuntao Matjan)

"德马科向我们展示的不仅是中国武术的、也是所有武术的精髓。64个章节清晰准确地概述了现代学生应具备的基本知识。"
▶ 基姆·泰勒、居合道七段和棍道六段
(Kim Taylor, Seventh dan iaido and sixth dan jodo)

"对于习武者来说，这些文章的内容从基础到中级再到高深。这些文章最好一次读一小段、细细品味它们的味道、让知识慢慢浸润。"
▶ 克里斯托弗·贝茨、《波浪人》作者、美国斌道大师、洪懿祥的弟子
(Christopher Bates, master, American Bando; disciple of Hong Yixiang)

"德马尔科娴熟地在历史和小说之间取得了平衡、他带领我们进入了我们最初加入武术界时所追求的神圣智慧的世界。这本书既是一个引人注目的故事、又是一本严肃的指导手册、它与《孙子兵法》和《五环经》等经典著作的重要性相媲美、现代读者能够立即理解其简洁的内容。"
▶ 凯文·塞库斯、国际格斗系统协会总监和综合搏击系统创始人
(Kevin Secours, Director, International Combat System Association)

"除了对影响日本的各种中国武术传统的古典哲学基础进行简要概述之外、德马科还提供了物理示例和隐喻性的解释、我可以在指导我自己的学生使用类似的原理和技巧时使用。"
➡ 罗伯特·沃尔夫、合气道四段、宾夕法尼亚州梅卡尼克斯堡一天道场首席教官
(Robert Wolfe, Fourth dan aikibudo; Chief instructor, Itten Dojo, Mechanicsburg, PA)

"全身心的享受。这个故事是阐释武术原理的绝妙载体、将生活和文化各个方面的线索汇集在一起、编织出真理的织锦。"
➡ 罗斯·梅森、特拉华大学、郑满清系教官
(Russ Mason, University of Delaware; Instructor, 鄭曼青氏族谱)

"这些文章公正、全面而永恒。这本珍贵的书是冷静智慧的金矿、将使中国武术家们肯定他们的艺术造诣并赋予他们自信…读这本书有意义而且令人兴奋。"
➡ 斯蒂芬·贝里克、真太极创始人、武术文化家和倡导者
(Stephan Berwick, Founder, True Taiji; martial arts culturalist and advocate)

"这部作品不仅以简洁明了的方式阐述了练习的原则、而且以一种有趣的形式、包括了历史、引人入胜的复杂情节和以往大师的第一人称的指导。中国武术的练习者和爱好者、特别是内家拳的练习者和爱好者、会在这本娱乐性和信息丰富的作品中发现许多价值。"
➡ 蒂姆·卡特梅尔、作家、翻译家；神武武术创始人；加州喷泉谷王牌柔术学院首席柔术/综合格斗教练
(Tim Cartmell, Head BJJ/MA coach, Ace Jiu Jitsu Academy, Fountain Valley, California)

"迈克尔-德马科为19世纪中国的武术，以及使其成为可能的文化描绘了一幅美妙的图画。对于现代的武术学生来说、这有助于填补我们自己在练习和思考模式方面的空白。他成功地对经典中经常出现的隐晦的说法提出了新的见解。对武术或其他方面的任何艺术家来说、这都是一本有价值的读物。"
➡ 杨扬大师、博士. 太极与气功研究中心和Wa-Qi.com主任
(Master Yang Yang, Ph.D., Director, Center for Taiji and Qigong Studies & Wa-Qi.com)

免责声明

请注意、本书的作者和出版商对因练习文中提及的技术和/或遵循本书的说明而可能导致的任何伤害不承担任何责任。由于本书描述的体育活动的性质可能过于剧烈、有些读者无法安全地参与、因此在练习前咨询医生至关重要。

版权所有

本出版物的任何部分、包括插图、未经 Via Media Publishing Company 书面许可、均不得以任何形式或任何方式（电子或物理的）复制或使用、包括复印、录制或任何信息的存储和检索系统（除美国版权法第107条和108条允许的复制和公共媒体管理人员的审查外）。

警告：任何与版权作品相关的未经授权行为均可能导致民事损害赔偿和刑事起诉。

版权所有©2022
Via Media Publishing Company 出品

封面插图

罗德里戈•里奎托 (Rodrigo Riquetto) 线描画
（编号：1579291525、 1624372801、1579306009）由 www.shutterstock.com 网站提供。

任熊（1823-1857）自画像、北京故宫博物院。公共领域。由于我们没有作者杨明瑸的任何肖像、只能用任熊的自画像来表达杨明瑸可能特有的绘画大师的个性魅力。

印刷版
ISBN-10: 1893765512
ISBN-13: 978-1-893765-51-1

www.viamediapublishing.com

敬献

本书献给尊敬的杨清玉大师、感谢他分享他的知识、尤其是他真挚的友情。

目录

x 序言 黄静杰
xiii 前言 迈克尔·德马科

杨明瑸随笔

1 神圣的空间
3 多样性的统一
4 启发因素
5 技能级别
6 矛盾的动作
7 沐浴平静
8 单腿站立
8 一步一个脚印
9 慢与快
10 魔法指关节
11 破裂的球体
12 成角度的直线
13 推和打的距离
13 步法如笔法
15 肩并肩
16 实用技巧、正确的形式
18 进攻造就防守
19 紧张的来源
21 更好的视野
22 用于监控的接触
23 一种技巧、多种应用
24 风箱式呼吸
25 双向张力
27 无阻力、无压力
28 对、错或变化
29 令人印象深刻的动作
30 镜子般的心灵
30 武术世家
31 道家哲学
38 道家长生不老的追求
40 拜师求徒

viii

41 身体的连接
43 身体的结构设计
44 保持和改善健康
45 有机模式
47 器械与徒手练习
48 老师的影响
50 学习的连续性
51 从时间走向永恒
52 透露秘密的信号
54 灵感
55 自发的自然
55 帮助你的对手
56 水的道路
57 看到目标
59 肘的错误动作
60 技巧和距离
61 心理和视觉错觉
63 击拳背后的力量
64 搏斗和健康的原则
66 爆发式踢腿和打击
67 个性和个人风格
68 单人套路和自卫
69 师徒关系
70 满族军事
72 搏击法则
73 防御和进攻的角度
75 分析和直觉
76 赏心悦目
76 波的流动
78 冥想：训练心智
79 武术的智慧
80 武术、宗教和治疗
81 实验、检验和证明

82 后记 迈克尔·德马科
88 索引

序言

本书的主题取材于中国历史、文化和武术实践、它们在一个虚构的叙事中交相辉映、使那些设想发生在18世纪中叶的事件栩栩如生。从一开始、就有一层薄薄的面纱把事实与虚构分开。我们的故事始于一个发现。

两位学者在梵蒂冈图书馆研究耶稣会在中国的使命时、在北京的宫廷画家朱塞佩·卡斯蒂廖内（Giuseppe Castiglione, 1688-1766）的档案中发现了一个文件夹、里面有一些汉语文章。这些文章是一位宫廷画家杨明瑸（约1664-1765）写的、他的这份手抄本为我们理解中国武术的智慧提供了至关重要的启示。

他的这些文字整理在六十四个小标题下、作者用不同于其他任何与武术有关的著作的方式阐明了武术的理论和实践方法、这是在武术过渡时期完成的罕见的早期文字。当时清朝（1644-1912）正值文化鼎盛时期、正在用武力扩张她的疆域。大炮和小型火器显示出西方的影响、但传统武术在村、省和国家各个层级无所不在。

杨大师引人入胜地解读了中国搏击传统的方方面面、他非常强调"武术世家"的重要性、以及秘传在这些致命艺术中的作用。这种艺术也适用于健康和娱乐、这些都反映了佛教、道教和儒教的哲学与实践的融合、个人的认识将影响他练习武术的方式。

杨明瑸描述了与不同技能水平有关的素质、从初学者到最高级。他让我们学到了一些秘诀、这些秘诀阐明了完善防卫和完成进攻的关键方法、话题包括身体对齐、协调、自发、自然、平衡、距离、放松和力量、这些原则也适用于徒手、器械以及用于健康目的的武术练习。杨明瑸学习武术的方法在其他领域也有用处、比如他在宫廷中作为大画家的工作。

朱塞佩·卡斯蒂廖内（Giuseppe Castiglione）的画作"一百匹马"的背景书法、约作于1723-1725年。由纽约大都会艺术博物馆（the Metropolitan Museum of Art, New York City）提供。CC0 1.0 通用公共领域题献。任熊（1823-1857）自画像细节、北京故宫博物院。公共领域。

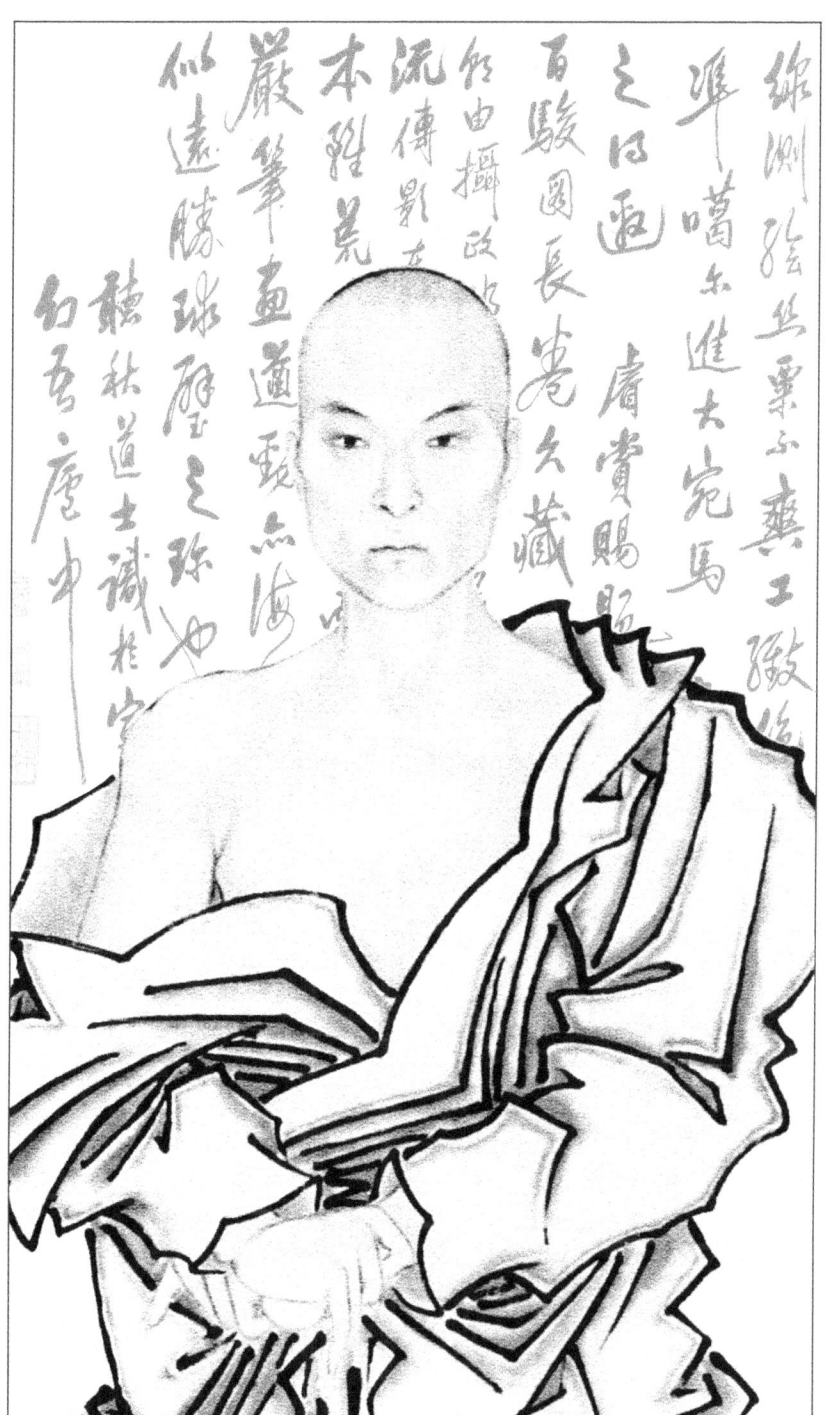

乾隆皇帝检阅军队

朱塞佩·卡斯蒂廖内
(Giuseppe Castiglione) 作。
由台北故宫博物院提供。公有领域。

前言

我很高兴为这本独一无二的书撰写前言、因为我知道它将成为所有严谨的武术学者或练习者的宝贵读物。以下几页详细介绍了命运如何让我意外地发现隐藏在我们视线中两百多年的著作——来自中国的武术大师、宫廷画家杨明琛的精辟文字。这些手写书页对我们的重要意义在于它启发了我们了解十八世纪的中国武术、作者用不同于任何其他与武术有关的著作的方式阐明了理论和练习方法、我们军有机会发现这些保存在真皮对开本中的如此重要的著作、了解这些珍贵文件的发现过程有助于我们欣赏内容本身。

几个世纪以来、中国人一直对他们高效的格斗传统有着强烈的保密意识、其他文化体也持有同样的态度、为什么？当学习武术是为了它们最初的致命目的时、这样做无可厚非。现在我们通常将武术学习视为一种表演艺术或锻炼方式、缺乏对格斗的实际应用的任何深刻了解、一些出于格斗目的的习武者往往缺乏传统的谨慎措施和道德原则、常常不幸地以暴制暴、其中一些人甚至成为了罪犯。

今天、门徒仪式已经很少见了。对于歃血起誓和充满诗意的秘密传授的需求已经过时、教学不再是闭门造车、而是敞开大门欢迎成千上万的学生、他们支付费用并学习精选的武术。学习武术有不同的缘由、武术可以被认为是一种锻炼形式、一种戏剧技巧、一项运动或一种自卫体系、武术所代表的宽广领域并不容易理解。

由于渴望了解武术传统在其几个世纪以来的演变过程中的全面意义、严肃的从业者和学者向各个流派的主要代表学习并研究一些文字记载。因为武术知识主要是通过口耳相传、因此珍贵的书籍和家传抄本异常珍贵。

当然、中国历代历史都提到武术及其对政治和军事建设的重要性、在诗歌、地方志和文学作品中都被引用、包括宗教和医疗文献。但是、在20世纪后期之前、只专注于武术的任何正式书籍都很少见。戚继光将军（1528-1587）的《纪效新书》是一部优秀的军事训练手册、也是现存最早的有关中国武术的教材之一；还有吴殳（1611-

1695)的《手臂录》和苌乃周（1724-1783）的《苌氏武技书》。19世纪中叶前、在这些重要的武术著作之外很少有其他的武术著作。

19世纪末、武术研究和作品进入了丰产期、出现了为数众多的著作、它们来自如李存义（1847-1921）、孙禄堂（1861-1933）、陈微明（1881-1958）、董秀升（1882-1939）、唐豪（1887-1959）、姜容樵（1891-1974）、陈子明（？-1951）和万籁声（1903-1995）等。所以、从19世纪中叶开始、我们可以找到一些很好的关于中国武术的参考书。这些书的作者通常专注于特定的流派、特别是形意拳、八卦拳、太极拳、迷踪拳、少林拳和摔跤、以及武器的具体使用、如枪、剑和刀。

最近发现的武术手稿

这一发现背后的故事始于2000年6月、当时澳门大学哲学和宗教学系的两名学者前往梵蒂冈、对派往中国的耶稣会传教士进行为期一年的研究。这项使命始于耶稣会的成立、其牧师成员被称为耶稣会士、耶稣会的创始人之一弗朗西斯·泽维尔（Francis Xavier, 1506-1552）带领其他耶稣会士前往亚洲。从泽维尔逝世到1800年、共有920名耶稣会士前往中国传教。

耶稣会士们都接受过高等教育、曾在德国、波兰、意大利、法国、奥地利、葡萄牙、西班牙和其他地方的主要学术机构学习。他们的工作使他们到达了亚洲的大部分地区、甚至穿越了西藏和尼泊尔等偏远地区、但只有少数人获准在北京生活和工作、包括约翰·亚当·沙尔·冯·贝尔（Johann Adam Schall von Bell, 1591-1666）和让·约瑟夫·玛丽·阿米奥（Jean Joseph Marie Amiot, 1718-1793）。在中国服务的所有耶稣会士中、最杰出的人物是一位具有摄影术式思维的天才利玛窦（1552-1610）。他和其他一些著名的耶稣会士去世后葬于北京的栅栏墓地。

澳门学者在研究耶稣会士在职期间对中国的贡献方面有明确的目标。耶稣会的影响确实很大、尤其是在科学方面、他们完成了很多翻译、传播了西方思想、当时引入的学科和项目包括医学、数学、天文学、制图学、水力学、地理、乐器和艺术品。同样、耶稣会的工作也让欧洲人对中国丰富的历史和文化有了新的认识。

有一位艺术家因其在康熙（1654-1722）、雍正（1678-1735）和乾隆（1711-1799）三个皇帝统治时期的绘画作品而闻名、他叫郎世宁（Giuseppe Castiglione, 1688-1766）。他拥有官方宫廷画家的地位、画了许多传统题材如花卉、动物和风景等。让那些对武术感兴趣的人着迷的是他那些展示了皇帝、皇后、军事运动、武器和武士的作品、他还因为为皇家园林圆明园设计建筑而闻名。

直到今天、许多受过教育的中国人都知道郎世宁的作品、然而、许多人不知道他的本名是朱塞佩·卡斯蒂廖内(Giuseppe Castiglione, 1688-1766)、还是一名意大利耶稣会士。他设计了建于1747年的西式建筑、1860年第二次鸦片战争期间、欧洲军队洗劫了这些宏伟的建筑、将他们变成了瓦砾、但他的许多画作都完好无损、这些画作展现了他融合西方和中国绘画风格的独特才能。这些画看起来当然很中国化、但仍然有一些不同、他们绚丽多彩。文艺复兴时期的画笔技法添加了色彩和光线的活力、往往有着当时少见的视角。

在梵蒂冈图书馆期间、澳门学者深入研究了与郎世宁有关的所有著作和文物、大多数文件由意大利语和拉丁语写成。其中一个档案夹里有许多几乎完全用汉字书写的文件、这引起了他们注意、它们不是郎世宁写的。这些文件的很多主题涉及绘画、哲学和宗教、其中有很多页是关于武术的、天大的惊喜！那么是谁写了这些文件、而郎世宁又怎么会有这些？

郎世宁在北京去世后、他的个人物品被送到了耶稣会母教堂、也就是罗马的格苏教堂、与他的作品有关的物品最终被纳入梵蒂冈的特别收藏中。今天、很多这些物品都已数字化、从中国运来的所有个人物品都应已交给他在米兰的家人、然而、这个装有汉字文件的文件夹不经意间被留在了罗马。

作者和文本的意义

郎世宁是如何得到这个装有汉语文章的文件夹的？来自澳门的学者们很快从这些汉语文章中发现、出于对绘画和哲学的共同热爱、作者曾与郎世宁结识。他们推测郎世宁曾借阅了这些文章、而由于杨明瑛在郎世宁去世前不到一年就去世了、所以这些文件留在了他这位耶稣会朋友的手中。

文件的细节透露了秘密、作者的姓名是杨明瑛（约1664-1765）、河南省西南社旗县宋庄村人。除了是一名宫廷画师、很明显他还掌握了另一种艺术——武术、他在向周围大师的学习中表现出了好斗的个性。宋庄村离少林寺约420里、距陈村约560里、到武当山约430里。杨的第一个老师杜侠祐、曾经是宋庄村的民团首领。杨明瑛在他的笔记中、提到了一些他的武术大师朋友、包括陈家沟的陈善志、以及和他联系密切的芡乃周、芡的著作体现了与太极拳有关的思想和原则。

在北京、认识杨的人以为他只是个画师、他的父亲和爷爷都是家乡当地的乡绅、他们的地位使杨能够师从一流的老师从事学术研究、绘画和武术训练。由于性格内向、他以绘画为生、只有最亲密的朋友知道他格斗的学问和能力、在最初作为画家认识郎世宁后、他们通过志同道合的哲学讨论加深了友谊、郎世宁成为了他的亲密知己。

杨明瑛和郎世宁并不总是激烈地讨论混合颜料、前线战事或当时的政治话题、作为朋友、他们喝茶、也聊家庭、旅行和音乐、还讲笑话、在笑声中结束每天的工作。当郎世宁告诉他的朋友那些为乾隆皇帝珍爱的"香妃"画像的细节时、这位从来不苟言笑的耶稣会士低声说："巧得很、她换衣服的时候、我看见了那个全裸的美女、真是难得一见的天体！"杨明瑛觉得很有趣、特意记录在他的随笔中。

郎世宁画像。

郎世宁画作《香妃》、
台北故宫博物院。公共领域。

在杨的著作中、我们发现许多用笔技法与武术并行的清晰描述、舞剑或执笔作画需要思想、身体和精神的统一、在纸上感受每一根笔毛需要灵敏的触感、就像推手中展示的高超技能一样。完成动作的前提是要处于清醒的意识状态、并且身心放松、这些都时刻体现在杨的绘画和武术著作中。

郎世宁毫无保留地欣赏杨的眼光、这可能有助于他把东西方艺术融合在一起。可以肯定的是、郎世宁看到了杨所掌握的武术的价值。他们在北京一起工作的日子正是清王朝（1644-1912）的鼎盛时期、这个政权由北方的满族人建立、他们的统治部分归功于欧洲铸造大炮的技术的帮助。开国不久、约翰·亚当·沙尔·冯·贝尔就受命在北京建立了一个铸造厂、为清军铸造新的大炮。清军分为军事和行政系统、称为八旗。满族权力创造的皇室宫廷氛围、让杨和郎世宁时代的文化繁荣了起来。

为了充分欣赏杨的作品、我们要看到他生活在武术发展史上的一个关键时期、武术理论似乎已经进化到了一个更高的水平。例如、杨和芅乃周是比杨式太极拳创始人杨露禅（1799-1872）的老师陈长兴（1771-1853）更早的一代。杨明琜对中国武术的发展有多大影响？我们肯定再也没法知道、但只需要少数才华横溢的隐居的大师就能把知识和技能传承下去。由于许多大师不遗余力地保守他们的艺术秘诀、受到帮助的人总是很少。幸运的是、当我们阅读杨明瑛的著作时、就能更好地理解当时对武术的认识深度和相关技巧。

2001年7月、澳门大学学者完成他们的研究项目时提出一个问题、那就是对杨明瑛的著作、我们接下来该怎么办。根据耶稣会的说法、个人财产归家人所有、所以学者们开始寻找杨的所有生活关系、杨的家族在他的出生地河南宋庄村曾是名门望族、他们曾是政治、军事和商业领域的首领。政府记录列出了他们的一些先祖、其世系可以追溯到1990年去世的百岁老人杨英殷、他是当时已知最后一位住在村子里的先人。

政府官员从葬礼记录了解到杨英殷有一个儿子、名叫杨清玉（1915-2002）。他生活在台湾、在蒋介石将军领导下的国民革命军中当过兵、他曾与中国共产党作战、并在1949年随国民党军队撤退到台湾。几十年来、台湾政府一直实施着一项政治禁令——禁止任何台湾人士访问中国大陆、然而、1987年这条禁令被解除、1996年杨清玉终于回到了宋庄村。

村干部知道杨明瑛的著作应该交给杨清玉、但是等找到时、他已经八十七岁了、健康状况开始下降。他很荣幸收到了这些著作从而了解他不一般的先祖、这让他深受感动、因为他也终生练习少林功夫和杨式太极拳。杨清玉也是台湾的名师、看到这些著作后他才意识到它们的珍贵、因为著作的内容表明他祖先的悟性和技术水平远远超出了他自己。

杨清玉在台湾的大部分时间都住在台北、后来搬到了岛的中心—埔里镇。他住在寺院里、收了些弟子、也经常在寺院的观音殿里为一些僧人教授武术。当近两百万国民党军队撤退到台湾时、杨清玉和其中的大多数人一样还没有结婚、他亲密的学生们成为了他最亲密的"家人"。

2002年初、杨清玉住进了高雄市一家医院、他知道自己的时间不多了、于是决定把自己最宝贵的财产—杨明瑛手稿的原件、交给了他的得力弟子黄静杰、另留了一份影印件给寺院、黄从1981年开始成为他的弟子直到师父去世。他决定把手稿翻译成英文、希望其他人也能够从他们对中国武术的领悟和实践中受益、特别是为了个人更好的健康状态和长寿。

　　杨明瑛的著作有两百多页、其中一半以上专注于绘画、他的才华体现在他对中西方美学和技术原理的深刻理解上、部分也受到耶稣会士的影响、尤其是他的朋友郎世宁。杨受到儒家、佛教、道家思想以及西方基督教和科学的启发、所有这些都是滋养他的河流、他从中汲取了养分。当时正值清朝盛世的文化高峰期、杨和郎世宁被视为真正的文艺复兴时期所有人物中两个最好的代表、他们在许多研究领域都见多识广。

　　杨明瑛是一位天生的天才、他一生时刻致力于培育思想、身体和精神。习武和绘画艺术在他身上得到了完美的统一、他的画作是用武术来完成的、他的思想总是对学习、试验和练习保持开放、正如中国谚语所说：

　　　　"思想上的成就通过手来实现。"

　　本书后续页面提供了杨明瑛18世纪中叶著作的翻译。他的手稿的发现无疑具有历史意义、特别是对所有对中国武术传统和体育文化、哲学以及跨文化关系相关方面感兴趣者。

　　杨创作了一系列关于多个主题的短篇著作、我们准备按照主题的顺序来介绍它们。他通过对实战的阐述、体现了身体动作的细节、力量的来源和整体技法的和谐。许多适用于格斗的原则被直接引入武术练习中用于养生。在这些系列中、你将看到武术作为中国文化的重要组成部分、在清朝鼎盛时期的影响之深和范围之广。

注：杨明瑛的作品将被整理在下列六十四个主题下。这些都包含了他个人对武术的看法。他视野开阔、着眼于中国武术的广阔领域、而不仅局限于特定的风格或地域。为了尽可能清楚地翻译、编辑没有用那些在中国十八世纪常见的名称和术语、而使用了现代的名称和术语。句子中使用的括号是为了说明一些罗马字母拼写和普通话词语的含义。括号有时也是为了提供更多的细节、或者必要时用于澄清杨的文章。

苏州市留园。
由 Shutterstock 提供，编号164159423。

神圣的空间

体会道是我最大的乐趣、道是神秘的、贯穿所有事物、在运动之前很难察觉、就像微风到来之前我们感受不到空气一样。道无时无处不在、完美地流动、这就是在创作艺术或练习武术时带来的乐趣。

对于书法和绘画来说、毛笔是必不可少的工具、它传递艺术家的思想、精神和能量。当墨水渗入纸张、艺术家的技能水平就会一览无余、一旦落笔再也无法修改。

对于武术来说、身体是关键的工具、它同样反映了个人在每个动作中的思想、精神和能量、技术水平能一目了然。而对于自卫、小小的失误可能会导致受伤甚至死亡、没有修正的余地。武术即使仅作为一种养生的锻炼来练习、也要符合正确的原则、以达到预期的效果。定期练习可以提高个人的整体身心健康、舒缓神经、保持柔韧性和力量、促进血液和能量的流动、并使心智清醒。正如老子所说的"不道早已"、即逆道者早亡。

"书法"和"拳法"的汉字里有"法"、意思是"法则"或"途径"。法由"水"和"去"两个字组合而成、这是水流的途径、一种自然的运动。绘画和拳击都有自己的表现方式、如果用道的方式来完成、修行者就能够感受和理解完美。

"法"字带有道德的附加含义、有辨别是非的责任。在梵文中、法被称为达摩、即佛教的精神之道。在"道"字中也有类似的含义、道字由头戴武士发式（象征领导力）的头和脚（象征运动）组成。"法"和"道"两个字、对于走道家之路的画家或武术家来说、有深厚的内涵。

所以、画画时我把书房四宝摆在书案上：笔、墨、纸、砚。我的砚台是用甘肃洮河的石头制成的、它带有天然图案的表面用水研墨时仿佛充满了活力。虽然以前主要使用油烟墨、但我已经改用松烟墨、它可以带来更多的真实感、这是受我的耶稣会朋友郎世宁的启发。在调墨时、我加入了一点点精制的草药粉、使我的画自然持久！馨香的味道在画室中令人愉悦。

书画我都用安徽的宣纸、表面光滑、笔触干净、不易起皱、更易于保存。但画笔是最重要的、各种各样的画笔用于不同的画作、当然也有薄厚不等的尺寸。我工作时选择最适合我的毛笔类型、通常是用动物的尾巴制成、比如狼、绵羊、狸猫、牛、老鼠、山羊、黄鼠狼、马、公牛等。和其他专业书法家一样、我更喜欢用冬天收集的毛发制成的毛笔、它们的质量上乘。我的笔杆用普通的竹子制成、不用珍珠贝母镶嵌、象牙或玉石装饰、天然竹子足以给人最好的感觉。我的画笔来自山东省侯店村。

至于武术、我每天都会抽出时间在我家幽静的花园庭院里练习。和北京的大多数庭院不同、我的庭院的中心区域是纯土、不用石头覆盖、脚下的泥土质地略为松软、为整个身体提供了美妙的感觉、尤其是在跳跃动作结束落地的时候。

沿着庭院的围墙种植了树木、它们能遮荫、保护院子免受风吹、重要的是不会影响身体的金、木、水、火和土五行的平衡。树木大多是松树、也有一些柳树、一棵桑树、小灌木和各种花卉。另一侧是茶馆、我有时会在那里和其他武术家和好朋友碰面、我们可以一边闲聊、一边悠闲地品尝老人茶、品味他们的香气和滋味、体味各种美妙茶叶之间的细微区别。

画室和练武场不仅仅是用墙围起来的场地、也是学道和修身养性的圣地。进入这里、我会把尘世抛在脑后、全心全意地专注于在纸上或地面上所做的事情。身心只是一种媒介、多年的训练让我的心里清楚手头的工作和即将开始的运动、时间将不复存在。然而、与用笔作画不同的是、在院子里的武术练习还收获了一层汗水。

我能用画笔或剑表达我的想法吗？我可以不假思索目标明确而且完美地完成每个动作吗？这就是为什么我们有一种叫形意拳的武术流派、意创造形。在医学领域叫"思想到哪里、元气就在哪里。"正如一些格斗术专家建议的那样：

"用心、而不是肌肉的力量。"

因此、要稳步前进、还有很多工作要做。在实践中、我们不仅着眼于提高身体技巧、还着眼于涤荡心灵、心灵提领所有的运动。心性是关键、心猿意马只会产生混淆和创造低级技能。像镜子一样的心灵、平静而明亮、更适合习武。绘画与武术之道、是一个改变平常的思维和行动模式的炼内丹的过程。

多样性的统一

中央帝国的每个地方都说自己的方言、生产本地特产的食品、通过服装风格来互相区分。多彩多样的土地统一在一个奇特的王国之中、每个地方更产生了自己独特的武术流派、这些多样的搏斗艺术在普遍性中得到了统一。

毕竟拳打脚踢的方法只有这么多。是什么让我们在最基本的技术（例如拳法）中发现了这么多的差异？很明显、可以从视觉上辨别出不同水平的技能。对技能分级的一种方法是测试技巧、例如用拳击技巧打碎屋顶的瓦片。当身体素质相同的练习者们尝试打碎一个物件时、很多人无法成功、有些人却成功了、还有一些人可以取得非凡的成绩。当这些人出拳时、他们的手臂和手的位置会略有不同、例如伸展的程度、肌肉张力和攻击的角度、但还要考虑更多方面。

仔细观察后、我们注意到这些人以不同的方式运用整个身体。是什么启动了打击？是从手臂肌肉、腰部甚至脚部开始的吗？肩膀和臀部会转动吗？在身体上、每个人如何出拳有很大不同、他们的技术水平体现在他们打碎东西的技巧所带来的结果上。然而、结果不仅仅是由于物理构造不同造成的。

思维对技术的不同认知对完成动作有很大影响、如果人们相信紧张的肌肉组织可以提高打破屋顶瓦片的能力、那么这个想法本身就会体现在技术中。张力的程度可以像无数其他属性一样变化、例如姿势的变化、腔室的位置、步进的方向偏好以及线性与圆形轨迹之间的差异。当所有这些细微差别一起重复执行时、动作就会变成习惯、习惯创造了运动风格、运动风格以后可能会被赋予一个名称、以区分它特定风格的独特性。

练习者学习武术的原因各不相同。士兵必须专注于武器装备和协调战术、以实现他们伤害或杀死敌人的预期目标。京剧演员需要在舞台上为观众描绘故事、街头表演者以戏剧性的表演让观众兴奋不已、其他人可能只关心单独练习或小组练习来养生。有些人保留秘密的家庭格斗传统、以保护他们的家园和家人。学习武术的原因多种多样、表现在全部的风格中。

特定风格强调独有的技术、例如关节锁定、摔跤、踢蹬、打击或猛推。有一些风格更有包容性、它们可能包括站立和地面的技巧以及器械、但包括的方面越多、需要的学习时间就越多、格斗风格当然就有很大不同。然而、当这些变化只存在于富有完美艺术想象的普通格斗艺术中时、他们也有统一性。

启发因素

许多艺术代代相传、例如绘画、舞蹈、音乐和治疗艺术。教授或研究这些艺术的原因会影响它们的实践方式。例如、有着不同乐器的音乐从乡村民间到显贵的帝国皇室各不相同。这些音乐家有着截然不同的表演背景和演出目的、同样、我们发现各种武术风格的表现形式也不尽相同。

在黄帝时代（公元前 2697-2597）之前、开发武术是为了防御他人和动物的攻击。经过几个世纪的朝代更迭、武术不断发展、也出现了种类繁多的武器。今天、格斗艺术遍及整个帝国、包括许多以家族为基础的流派、以及著名的少林和武当中心。

最初格斗的目的仍然是保护村庄和国家、但许多流派的武术逐渐偏离了战斗的目的。在军事训练中保持真正的战斗技巧以抵抗外来者再自然不过了、但对自己邻近的当地人要仁慈得多。哲学伦理的影响除去了武术的许多致命要素、更有利于开展身体、心理和精神的锻炼。佛教与道教的功法结合后、产生了如《易筋经》和华佗的《五禽戏》等著作、虽然他们的许多动作仍然存在、但只是为了健康而练习、没有包含最初为了打斗目的所应用的知识。随着时间的推移、我们看到武术和健身运动的结合越来越频繁、在越来越多的文章和口头描述中我们找到了相似之处、大师们利用传统医学的经络和能量流动理论来解释格斗动作。

从街头表演到戏剧、许多受到武术启发的运动都融入了各种形式的娱乐。他们当然会为旁观者创造气氛、并强调所有驱邪的优秀戏剧作品或寺庙舞蹈中存在的冲突。与舞台剧和寺庙庆祝活动一样、一些世俗的舞蹈形式在其表演项目中也含有武术技巧。

从左到右：虎、熊、鹿、鸟、猿。明代（1368-1644）龚居中所著《福寿丹书》五兽图解。由Wellcome收藏。

从上面的描述、我们看到有些武术风格保留了其最初的致命目的、而另一些则没有。多样的表现形式很好、但要全面理解丰富的武术传统、需要专注于当初开发的武术。

技能级别

会书法的学生永远不会忘记他们的第一课：一遍又一遍地写汉字"一"（简单的从左到右的横画）、第二课和第三课也差不多。当他们能够相当流畅匀和地写好它时、他们就可以继续写"二"了（从左到右平行的两横）。一个好的武术老师也会从基础开始、使用类似的方法。

在练习了几个月的武术后、弟子可能会意识到要有进步是不容易的、需要比最初的预想花更多的时间和精力才能精通。经过十年的努力、弟子可能会感到有成就感、直到与更好的大师交手。达到更高水平的技能可能需要三十或四十年的时间、实际上、通向精通的道路是无止境的。

从初级到高级的技能水平有什么区别？一个指标是所学技术的数量、从低到高、表明知识的增加。这里我们必须记住、质量比数量更重要。无论武术的目的和用途如何、比如街头展示、花式表演或个人日常练习、所有武术家都将他们的个人能力展现为独特的个人表达、技能如何表现出来与使用它的目的有关。

当我们把武术作为真正的搏斗形式加以关注时、需要考虑其他因素。这些技术的执行是否高效、准确而强有力？如果在实战中进行、移动的时机是否最佳？随着经验的增加、与良好技术同等重要的特征会更容易理解、但有些特征更为深奥、因为它们和心智无形中的运转有关。

面对对手即将发起的进攻、技能高超的大师在开始时就很清楚、会同时执行有效的反击。技术水平较低的练习者、即使知道五千种技巧、也会犹豫或者用无效的反击来防御。仅仅知道技术是不够的、思考和计划怎么样应对是不够的、完善技术所需的所有身体能力也是不够的、技术与精神两相结合、深入直觉、才能追求完美的武学。清晰的头脑和平静的情绪会为任何受直觉指导的运动提供润滑、不给恐惧或仇恨扰乱它们的余地、精神状态比身体更重要。

练武者中初学者占很大比例、中等程度者占很小的比例、高级程度属于极少数。通过比较我们和其他人的武术技能、我们知道我们在这些程度中的位置、包括肌肉、骨骼、关节、神经的运作以及融合到技巧中的心智。还有一个超出高级的层次、一个超然的罕见的真正的大师、这些行家就像独角兽和龙一样稀有。

矛盾的动作

把桃子扔给另一个人、问"这个动作是怎么做到的"似乎很可笑、我们只是在向前抛球。仔细观察后、我们注意到手臂在向前投掷之前会向后摆动。

跳起来、比如跳到一堵矮墙的顶部、身体不是简单地向上移动、而是首先向下沉、以便腿能得到足够的弹力来抬高。

慢慢向左迈一步、你会注意到重心首先转移到右脚、这是让左脚可以自由迈步的原因。

在这些情况下、我们看到需要在与实际预期相反的方向上启动动作、将手臂向后摆动以便向前摆动、跳之前先下蹲、左移前先右移。

道家说"一生二、二生三、三生万物"、这告诉我们：阴阳带来运动、一个是另一个的种子。武术技巧源于阴阳之间的来回交替、这就是学习一万种技巧的秘诀。

沐浴平静

运动是武术的精髓所在、对于自卫来说、良好的运动能力是生死攸关的问题。有效的运动还可以养生、改善或保持良好的健康状况、这是乌龟能够长寿的方法。这一点非常重要、我们必须意识到笨拙和高效运动的特征、然后才能让我们辨别可能的不同发展阶段、从而逐步提高运动的质量、保证取得进步。

在运动中体现"道"、就是自然地运动。我们怎样做到它？通过让每个动作完美、迫使身体的每个部位都处于我们认为正确的位置？如果以这种方式进行、我们试图强迫身体变得自然、这就是一个矛盾。自然运动就是让身体自然运动、只有通过练习才能发现身体是如何有效运作的。

有些人试图单腿站立并保持静止姿势、会失去平衡并马上摔倒。其他人可以在倾斜前保持这个姿势一小段时间、而很少有人可以保持这个姿势一个小时不动摇。如果我们甚至不能正确地保持静止的姿势、就不可能开始运动、就像我们要先学会走路、然后再跑步。

在第一阶段的教学中、许多大师以静态姿势开始教授学生、例如站桩和金鸡独立。对许多人来说、这些似乎是非常无聊的练习方法、对于严肃的格斗毫无用处。但是当你仔细观察之后、会发现这些方法提供了一种了解平衡、放松以及身心之间联系的方法、对于改善每种类型的搏斗技术都是必不可少的。

站立时、肌肉会疲劳、练习者会下意识地随着时间一点一点地释放不必要的紧张。倾斜会让肌肉紧张并拉伤关节、使静止的站立变得困难。人们很快就会了解到、倾斜越小、站立越容易、身体认识到保持平衡是最舒适的姿势。经过几天和几个月的练习、人们会越来越意识到许多细微的变化、更深入的放松和更好的平衡使保持姿势更舒适。在能够舒适地保持静态姿势后，学生就可以准备学习武术动作了。

单腿站立

当单腿站立并保持姿势五分钟时，武术练习者常常认为他们已经完全放松和平衡。以下提供的测试有助于观察和发现是否存在任何多余的身体紧张。

单腿站立、膝盖稍微弯曲，做金鸡独立的动作。双臂可以在站桩的位置，就像你拥抱一棵大树一样，或者你可以让一只手臂向上，另一只手臂向下，像白鹤亮翅那样。另一种选择是让双臂下垂并保持柔软，尽可能放松。如果你非常放松，那么在坚持的几分钟内保持平衡应该很容易。

从头部往下，特别是肩部，从内心扫描身体是否有紧张感。最后，脚底有没有肌肉运动？如果有，那么轻微的肌肉抽搐正在微调以便让身体保持平衡。你越是失去平衡，你的脚就会越抽搐。失去平衡，即使是一点点，都会引起紧张，而任何紧张都会导致你失去平衡。保持对这些细微之处的关注，你将逐渐改善，直到几乎感觉不到抽搐。在放松和平衡的高级阶段，你肯定会感受到大地的能量刺激了脚底中间的涌泉穴。

一步一个脚印

我们有许多静止的练习，有些甚至是躺着的！但是，作为武术家，我们想要运动。通过练习单腿或双腿站立的姿势，我们培养了感觉和意识的技能，这些将极大地帮助我们学习任何武术体系的复杂动作。

现在，我们通过仔细观察我们的脚步来开始行动，朝哪个方向无关紧要，因为原则是相同的。我们希望在运动中永远记得的原则是平衡和放松。继续：左脚慢慢向前迈出一步，你是怎么做到的？许多人抬起脚并迅速放下，因为他们失去了平衡，如果不以一定的速度完成动作，脚就会落下。

再试一次，但这次要慢得多。你会觉得如果不首先将所有重量转移到右腿上，就不可能抬起左脚。移动可以让一个人在整个过程中保持平衡、逐渐腾空一条腿（阴）、同时使另一条腿受力充实（阳）。重心转移到右腿后、左腿迈出一大步。到目前为止，你是如何把脚伸出那么远跨出大步的？有两个办法、你有没有一边前倾一边开始迈步？如果你这样做了、那么就会失去平衡、这会导致速度加快、接着就需要用紧张来跟上运动、这样就背离了原则。还有另一种方法可以在不违背原则的情况下迈出这一步、秘诀就是在你用左腿迈出的同时、让右腿下沉、你下沉得越多、步幅就越大、产生的姿势就越宽、你可以在整个运动过程中保持平衡和放松。

从静态姿势开始练习是第一步、然后保持日常练习。一些大师指导弟子们以缓慢、均匀的节奏练习套路、同时感受任何紧张或倾斜。陈式太极拳中、有不少师傅教弟子先练慢、后练快。他们首先专注于在日常生活中体现阴的原则、当身心能在修行中保持这个原则后、再逐渐加阳的原则。拳法就体现了太极、即阴阳在运动中的和谐流动。

慢与快

为了学好一门武功、名师们都嘱咐弟子们、先从慢动作开始。这让学生们有充足的时间仔细观察自己的运动、他们有机会发现阻碍或者帮助他们运动的细微之处、例如肌肉紧张、平衡和对齐。他们学习如何和重力打交道以及如何把技巧和地面联系起来。

固定站姿训练和慢慢进入站姿都有好处、这些以及类似的练习能教会学生运动和技巧的基础知识。在缓慢移动时保持平衡和放松已经够难的了、当我们逐渐加快移动速度时会发生什么？

通过正念练习、我们可以了解物理学在舒缓的训练模式中所起的作用。随着练习节奏的增加、身体条件会发生变化、例如、当站立的弓箭手在没有风的日子里射箭时、箭头会沿着一条平滑的轨迹到达箭靶。如果目标在移动、就像一只奔跑的兔子、他需要在目标移动的前方射击才能击中目标。如果一个弓箭手骑马驰骋、在刮风的日子里射箭、那么还有更多的因素需要考虑。

当站立不动时、脊柱是笔直垂直的。当身体以任何速度移动时、脊柱不应该僵硬。脊椎、腿和手臂就像身体的弓、都在适当的时候弯曲、具有在搏击中吸收或释放能量的能力。

仅仅因为学习者能够缓慢地表演、保持很好的平衡、放松和灵活性、还不能说他们在需要提速时一定能够快速移动。如果我们要追求快速移动、我们就进入了另一个学习和练习的领域。初期的缓慢练习让我们为这个更高级的水平做好了准备、我们最终将能够快速行动、同时保持放松和平衡。我们通过缓慢和反复练习已经习惯了的技巧不需要太多思考就能更快执行。

练习者们努力了解与身心有关的许多方面、以及这些在慢节奏练习时发生的细节。以更快的速度练习时会带来非常多需要考虑的额外因素、也许最大的困难在于察觉到隐藏在我们正常视野之外的要素。因此、我们希望能够意识到那些通常被我们忽视的方面。

魔法指关节

道教的《庄子》介绍了许多关于人们的行为如何反映他们和道之间的密切关系的故事。他强调了普通职业中所展示的各种技能水平。例如、肉市场的屠夫需要磨刀以切开畜体、有些人需要在每个新畜体到来时磨刀、而其他人则在处理几条畜体后才这样做。然而、有一名屠夫根本不需要磨刀：他的刀在骨关节的空隙之间挥洒自如、如此精湛的技艺、正是习武者所追求的。

考虑到所有形式的击打、踢蹬、锁定、突破、摔打、跳跃、转向、阻挡、摆脱和架势、搏斗技巧似乎数不胜数。在这里、我们只关注徒手搏斗、如何熟练地完成大量的技巧？每种技术与其他技术都有差异和相似之处、如果我们仔细观察一种技巧是如何完成的、我们就有了可以推断出任何其他技巧的灵感。

让我们看看用准备好的前站姿打出的基本拳、假设其目的是打破支在木架上的瓦片。如果有十个人准备出击、他们会在出拳方式上有一些差异、因为他们的技能水平并不相同。在大多数情况下、他们将依靠速度、力量和肌肉张力来成功突破、有些人通过他们无情的指关节做好准备、有些人通过举重和锻炼来增强肌肉、他们可以打破瓦片不足为奇。随后我们看到一个相对瘦弱的人似乎毫不费力地打破了一块瓦片、我们只看到了这个技巧的一个特征、这个特征可以提示我们构成全部技巧的许多微小但非常重要的部分。

将右手的每个手指攥成拳头、并将其贴紧腰部、左臂和左腿在前面、肩膀随身体转至一定角度并与臀部对齐、重心放在后腿上、膝盖稍微弯曲。完成击打的同时、后腿伸直、臀部转动、手臂飞向瓦片、碎片掉落到地面。

在这种技巧中、整个身体都存在不同程度的张力。需要多大的张力？巨大的张力确实给人一种强大的感觉、它似乎在支撑和增加拳头的力量。然而、从脚跟到手的所有张力不会让指关节比天然骨骼和软骨更坚硬。

有些人依靠紧张来防止自己受伤、然而当紧张这项技术以糟糕的形式使用时、他们却尤其可能导致受伤。例如、轻微弯曲的手腕可能会因出拳而被扭伤甚至被折断。对齐是所有技术中的关键因素、无论是安全性还是力量。重要的是要让指关节快速到达瓦片、紧张实际上会减慢运动速度、因此需要更多的肌肉力量来突破目标。正确的对齐和流畅、放松的移动让你能够以最佳速度的自由流动的内在能量来完成这个技巧、这些条件也是所有技巧的必要前提。

破裂的球体

无论是防守还是进攻、身体都需要快速轻松地向任何方向移动。以这种方式移动的能力与骨骼和肌肉系统的灵活性和对齐有关。协调性良好的武术家似乎毫不费力地移动、往往不是向所有可能的方向移动、但确实有很多方向。其他人则表现出不同程度的紧张、这阻碍了他们的行动并在格斗时让他们面对危险。因此、身体越不紧张、运动的质量越好。

了解紧张如何在身体中出现的一种方法是想象许多活动的身体部位、尤其是和关节有关的部位。例如、经常将肩膀向左转动、同时将腿固定在静止姿势、这会让肌肉和椎骨拉伤。

想象一个用布包裹的羽绒制成的球。把一只手放在球的下面、另一只手放在它的上面、牢牢握住底部、让球的底部无法移动、然后慢慢试着转动顶部、它会至少表现出一些轻微的运动、如果用更大的力、就会把球撕裂。巨大的力量可以简单地将它撕成两半、这种撕裂是由一个部位移动时另一个部位移动较慢或根本没有移动而产生的应力造成的。但是、当整个球作为一个整体运动时、紧张就消失了。

在以任何速度练习格斗技巧时、初学者都必须非常注意拉伤的可能性、以免造成伤害。例如、常见的攻击是在身体旋转360度时以两脚移动前进、极其重要的是、当第一只脚用脚后跟着地时、脚和腿会以脚后跟为轴随着身体的转动而继续运动。当第二只脚着地时、也一样。如果脚平放在地面上并在身体其他部分转动时保持静止不动、那么膝盖就会受到伤害。

如果身体的某些部位被牢牢固定、而其他部分快速移动、那么肯定会被认为搏斗技巧的水平不高、对练习者来说是危险的。一个聪明的人会在练习过程中不断努力寻找哪怕有一点点紧张的身体部位、并尝试减轻它。任何武技、都要以全身心的运转来完成、这样才不会出现紧张。

成角度的直线

许多击打和推打都是直向前的、尤其是在与合作伙伴练习技巧时。正是这些被教导要正面向前的技巧造成许多缺乏经验的习武者深陷错误。我们用双手向前推动为例。

尝试用手指推动的初学者学到了一个立即且痛苦的教训：手指力量太小无法承受太大的压力。最常见的推动是通过与手掌接触来完成的。如果刚开始练习武术、你可能会犯错误、即用两个手臂直接在肩膀前推动、这种推动的宽度过大、如果被推的人稍微转动一下、你的左右手臂就会失去平衡、影响想要的效果。

这里要说明的一点是、尽管你的本能可能是直接向前推进、但你应该引导双手以一定角度朝向对手的中心移动、这样就形成了一个三角形。如果我们把你的肩膀想象成三角形的两个点、那么第三个点就是对手背后的目标点。与直线推动相比、三角推动更稳定、因此更有效。

手掌的位置也受影响。如果你的手掌直接面向前方、而你的手臂朝向对手的中心、则会导致手腕紧张、从而容易受伤。由于手臂向对手的中心略微倾斜、因此手掌也应该倾斜、手掌的外侧将首先接触目标、并为推动提供最稳定的对齐方式。尝试这种角度推动、找到舒适和高效的自然对齐方式。

推和打的距离

一个人应该与对手保持多远的距离才能完成最有效的推动或打击？向对手伸手时、一个新的练习者通常从一臂之距开始。有效、但不是非常有效、尤其是当你的重心主要在前脚时。

练习时、将右脚的脚背直接放在对手的前脚前面、将你所有的重量转移到右脚上、下沉到腿上、同时左脚踩到一边、放在对手的前脚后面。将双手轻轻放在对手的肋骨骨架上、为了做到这一点、你必须非常靠近对手、你的手掌朝前、肘部向下、将大部分体重放在后腿上。如果是自己训练、推着一根大树干练习也能有同样的感觉。

轻轻按压有反抗的表面、你可以感受到从后脚开始的物理连接通过腿部、躯干和肩膀、进入手臂和手。在这样的姿势下、推力应该来自后腿、而不是手臂。手和手臂只是接触、而腿则发出力量。

这种类型的推动不是力对抗力。为有效起见、它会在对方撤退时执行、这通常是在攻击被化解之后、没有力量的冲突、相反、它是为对手的撤退增加了力量。我谓见过的掌握了这个例子所说明的复杂性的人是几个武当山的隐士、他们的触感轻如鹅毛、却散发出闪电般的力量。

步法如笔法

有文字记载、仙人可以腾云、从池塘的水面跑过、或者从雪面走过而不留痕迹。我有幸在武当山遇到了几位道士、我能理解这些神话的起源。我向你保证、这些人是凡人、但具有非凡的思想、身体和精神天赋。他们的搏斗技巧似乎散发着超自然的气息、但他们和任何普通人一样出汗排气、他们腾的云可能只是它们自己散发的气体。

他们确实在腾云。他们的武术动作优雅、准确而迅速、似乎不受物理规律的影响。他们的平稳顺滑、速度的波动以及随意改变方向的能力、给人一种挥毫泼墨的书法大师的形象、他们的身体运动似乎更像是液体流动而不是骨架移动。

在写字或画风景画时、我们立直画笔。竹轴是脊椎、毛笔在纸上留下了它的轨迹。笔毛如此柔软灵活、它们随时传达作者的意图、甚至精神。沈心友委托创作的优秀作品《芥子园画谱》就表达了这样的想法。我欣喜若狂地看到笔尖的移动和我的隐士师父的脚和腿的动作何其相似。我会试着写下我在这些艺术之间看到的相似之处。

首先、就像最柔软的山羊毛一样、道士的脚和脚踝放松自如、可以向罗盘的任何方向随意移动。对于书法家来说、与纸有关的垂直方向与武术家的抬脚和落脚与地面的关系一样重要、就像画笔一样、脚是由意图引导的、不受任何阻碍。书法家在创造人物的同时、武术家自发地创造出格斗技巧的脚法。

将画笔朝纸的方向放低、笔尖（只有一两根笔毛）首先接触到纸面、然后根据想要的厚度接触更多的纸面。随着移动方向的变化完成任何笔划、笔毛随艺术家的意愿移动、反映思想的意图。将腿向地面放低、脚趾（可能只是最大的脚趾）首先接触地面、然后脚的其余部分逐渐接触地面、脚踝和膝盖充当铰链、弯曲并缓冲和地面的接触、这在跳跃动作落地时特别有用。

由 Shutterstock 提供。ID: 294607298

抬起时则相反。对于毛笔、随着书法家慢慢抬起笔杆、越来越多的笔毛离开纸面、直到笔尖的最后一根笔毛不再接触纸面。抬腿与提起画笔的杆类似、膝盖开始向上、然后抬起脚跟、最后抬起脚趾。

向任何方向移动时、脚几乎不会离开地面、它们通常会掠过地面、当身体在不同姿势之间转换时感知地势。在光滑的泥土表面、地上的脚印清晰可见、呈现了根据全身运动的需要而完成过的那些直线或曲线的动作。

当一条腿承重时、另一只脚可以轻轻着地、如手挥琵琶、脚后跟着地、或在白鹤亮翅动作里、脚掌着地。在这些类型的站姿中、前腿应该足够放松、当腰部和肩部向左或向右移动时、脚部也会移动。这将在地面上留下一个旋转的印记、就像书法家转动笔杆时笔毛随后留下的印记一样。这样、地面上脚印的样式就会留下各种类型的毛笔运动：水平的、垂直的、点状的、弯曲的、上升的、下降的、转动的、钩状的、以及各种组合。

请记住、画笔的运动包含同步的动作、例如缓慢向下运动、让画笔略微接触纸张、随着更多画笔压得更宽而移动、转笔提起移往另一个方向、然后重重地向下移动形成完美的拉长的线。使用"枯笔"技术（当画笔不太湿时）可以很容易地看到所有这些笔毛的运动、因此在纸上可以看到许多单独的笔毛的标记。

画笔和脚部运动之间的相似之处暗示了完成它们需要的特点。一是灵敏度高、一个好的书法家即使只有一根笔毛触到纸、也能感觉到纸；一个好的武术家会感觉地形以及接触腿部的任何压力。其次、还必须放松、以便可以灵活地移动画笔或腿、自卫时、这些特征让腿能施展许多有效的技巧。同时、认识到僵硬的腿容易受到攻击、所以培养腿的敏感度和灵活性有助于保护安全。

肩并肩

肩膀的因素占搏斗技巧的很大部分、防守和进攻动作从肩部延伸到指尖。我们经常认为手和肘部是主要的工具、但肩膀也是独立使用的工具、例如、它们可以作为杠杆点或用于打击和推动。

肩部通过骨架构造和身体连接、两肩之间的固有宽度体现了神奇的自然造化。当肩膀左右转动时、放松的手臂也会随之左右移动。双手之间的距离有所不同、但基本上保持与肩膀同步的距离。以防守对方左手进攻为例、当进攻者开始出拳时、防守者稍微向右转、手臂也随之右转。然后、通过向左转动、转动肩膀、手臂随之向上弯曲并向左旋转、落在攻击者的左手腕和肘部之间。注意你的双手下垂时两手之间的自然肩宽、它和进攻者的手腕和肘部之间的距离相匹配。防守者的手臂位置对防守有固有作用。

这是所有风格中用到的基本的回撤类技巧、重要的是要注意手臂在试图阻挡时不要紧张。动作的自然连贯、实际上是从腰部通过肩膀发出、然后到达手部、手臂并没有被迫向迎面而来的拳头移动。首先、他们在下方绕行并远离攻击、然后再绕到上面迎接进攻。起初、避开迎面而来的攻击似乎很不自然、但一旦掌握了这个技巧、就会感觉非常容易而且很实用。

另一个例子应该有助于说明这种肩臂运动、这可以在抬起手臂防御时看到、经常在攻击者伸手抓住你的衣领或脖子时使用。一种防御方法是简单地向后退一步、离开攻击者的范围。如果你的双手放在身体两侧或前方、则没必要强行抬起手臂阻挡！保持双手原地同时开始向后撤步。当你的身体远离双手时、双手会显得自行抬起、后退时前臂开始向上移动迎接进攻。当手臂自由地跟随你的身体运动时、它们呈曲线移动、首先向上迎接进攻者手臂的下侧、然后朝向你自己的肩膀移动。从这里开始、将根据需要使用下一步技巧。

当你静止站立时、手臂自然地与保持与肩同宽。通过上面讨论的两个例子、我们可以看到和感受到手臂如何自然地从腰部启动并跟随肩膀运动、这是开始运动时最舒适的姿势。当你保持肩关节放松时、手臂会根据意图完成动作、为关节提供安全保护并使技巧更容易实施。

实用技巧，正确的形式

许多学生通过模仿老师的动作开始武术学习。任何运动或技术的质量在很大程度上取决于学生与生俱来的身心能力。这些能力会随着时间的推移而发展，尤其是通过武术训练。学生常常会认为他在完美地模仿老师的动作，但实际上他正在犯很多错误，不论他仅仅通过观看记住了多少技术或形式，都不是高质量的。当手脚位置错误、手势被紧张阻碍、身体被拉紧时，身体结构将不会准确。

艺术品和版权 Feodor Tamarsky

　　学生们怎样改进呢？当然，如果师父愿意指出错误并加以纠正，学生就会进步。经过多年的学习，他们可能会出色地完成一项技术或套路，会有明显的进步。在这个关键阶段，学生们可能会受到鼓励完成公开表演，他们的动作可能会更加花哨和讨人喜欢，处于即将变成体操运动的关口。这很不错，但要掌握任何格斗艺术，还需要一些额外的必要步骤。

　　武术风格体现了多种多样的形式，就像有冗长词汇表的语言。当有人说一门完全陌生的外语时，我们只能听到无法理解的声音。只有当听者理解了每个词的全部含义，包括各种定义和上下文时，这种语言才能显示出其深刻意义。这个比喻也适用于武术，要真正理解大师要展示什么，就有必要了解每个动作的含义及其可能的应用。因此，仅仅复制一个动作，或模仿一个词是不够的，有必要更深入地理解其应用，应用赋予动作意义。

按照传统、大师通常会选择三个忠实而有才华的学生作为弟子来传授最深刻的教诲。有了他们、教学方法变得更实际、技能水平也更有挑战性。两人练习技术、一攻一守、最初他们练习得很慢、但在几个月的时间里、他们加快了速度、训练也变得更加实用、这时候场景中通常有多个进攻者。

　　练习武术的应用可以让学生准确了解每种技巧是如何完成的以及为什么要这样完成。只有这样、整个身体结构的位置、尤其是被特别留意的手和脚的位置、才会赋予形式以意义。这些理解和感觉成为练习者的一部分、以至于即使是单人动作、身体和思想也可以精确移动、就像在实战模式中一样。如果学生没有完全理解应用场景、单独练习就会有不足、进而会养成习惯。

进攻造就防守

　　人们经常谈论武术大师、他们坚持用严格的道德信念指导他们的练习和武术教学。其中一个指导原则是、处于优势地位者不应该是先发制人的进攻者。不成为进攻者还有其他充分的理由。觉察到迫在眉睫的进攻的大师会从一开始就分辨出来、并能够在反击的同时避开攻击。

　　自卫的概念是为了保护我们自己和他人、保护自己免受任何类型的攻击。一位有经验的武士知道、当受到攻击时、攻击者会同时创造可以被利用的破绽、这对防守者大有帮助、例如、对头部的一次出拳会给对手留下反击其手臂下方身体的机会。进攻总是打开大门、让反击进入、因此、防守者在反击的机会和采取技术的时机方面具有优势。

　　对特定攻击可能有许多不同的反应、这主要反映出防守者的技能水平。一个低级别的反应是付出很大的努力去阻止、然后在组织如何反击时犹豫不决。更高层次的反应是平稳地抵消攻击（阴）并同时发起有效的反击（阳）。后一种反应需要掌握技巧、不受身体紧张和头脑混乱的影响、因此心理训练和准备甚至比体能训练更重要。只有有了这个基础、你才能真正拥有更高的防御技能。凭借技术工具和聪明的头脑、你将能轻松自如地应对任何格斗的场景。

进攻如何创造防守？我们可以分析一种技巧、看看它能教给我们什么。如果一个人靠近你并用左手推你的右肩、你的反应可能是紧张、想要承受推力、然后反击。通过拉紧肌肉、推力肯定会破坏你的身体、使你的手臂僵硬无法做出任何自然的反击。然而、通过放松、推动只会让你转动、你仍可以保持平衡。通过向右转、你可以抵消推力。如果你不紧张、攻击者推的能量会传到你的右肩、然后直接传到你的左肩。这同时会导致你的左臂向上摆动到攻击者左臂的外侧、靠近他的肘部。同时、你的右手可以向上摆动、将攻击者的左手腕按在你的右肩上。由于攻击者的推动没有受到对抗、他的力量将带他向前、他将失去平衡。然后你可以通过左转来扭转格斗的态势、轻松将攻击者抛到你的左侧、是攻击者自己创造了你的反击。

紧张的来源

　　专业舞蹈者的动作似乎无视重力、流畅、连贯的姿势优雅而毫不费力。书法家的毛笔在纸上快速移动、创造出一首诗歌平衡和谐的完美字符、完成动作过程中出现的任何紧张都会透露出不平衡和抖动的形迹。武术运动经常表现出相同的问题、这主要是由身体紧张引起的。

　　这些紧张从哪里来？对于习武者来说、紧张的主要原因是恐惧。对受伤的恐惧可以支配人的心态、不难理解恐惧是如何在这些情况下产生的、尤其是在使用器械时。如果你知道你只有低水平的搏斗技能、对格斗的恐惧会使你的动作走样。有经验的习武者表现出更少的恐惧和紧张、他们更有能力根据需要快速而准确地移动、不会僵硬或犹豫。

　　恐惧和由此产生的紧张也出现在单人练习中、例如当表演为保留固定风格的技巧而创造的套路时。周围没有明显的危险、为什么身体会恐惧和紧张？在这种情况下、当人们不确定是否可以正确执行一个动作时、就会产生恐惧、也就是害怕失败。我们害怕在金鸡独立时失去平衡、或者在下沉到低位时头朝下摔倒。为了保持直立的姿势、我们经常在失去平衡的感觉中挣扎时不得不紧张。保持了平衡、就不必害怕跌倒或紧张。

对于如何最有效地执行技巧、人们有不同的理论。许多方法被证明是有效的、但毫无疑问、总有更好的方法。争论的一个主要话题是在实际应用中应该利用多少紧张。高水平的技能看起来毫不费力、压力最小、效果极佳、较低级别的技能表现为为了使技术发挥作用而造成一定程度的紧张。每当低级技能者尝试以更轻松的方式完成一项技术时、就会失败、他可能会责怪方法、而忽略了他根本没有掌握足够好的有效的技能。

我们要密切关注紧张对习武和健康的影响。搏斗时发生的身体紧张实际上会影响潜在可能的移动速度、紧张也会使身体更容易受伤、尤其是肘部和膝盖。

懂得用肌肉力量来控制技巧的人、会使用相应的动作。那些能够使用更放松的方法的人会使用它们、所使用的紧张度与他们认为必要程度成正比。提高技能的唯一方法是不断尝试、练习和学习、不断检验、这样、你认为今天行不通的方法以后可能会证明是一种更好的方法。

智者老子曾说：

> 世界上没有什么比水更软、更弱的了。
> 然而、攻击强者、
> 没有什么能超越水、
> 没有什么可以取代水。
> 弱者战胜强者、
> 软克服硬、
> 世界上每个人都知道这一点、
> 但仍然没有人使用它。

老子知道、很多人都无法消除身体的紧张、保持冷静。有许多人声称、通过练习深呼吸、道家瑜伽、热水浴和念诵等方法、能消除紧张。这些方法可能会提供一段时间的放松和舒适、但它们不会持久、它们是临时解决方案、因为这些是肤浅的手段、没有触及问题的核心。我们看到和感受到的紧张只是内心带给身体的后果。那些寻求提高他们武术技能的人必须培养精神意识、也许可以在冥想练习的帮助下发展他们的内视能力并发现紧张的根源。

更好的视野

即使在很远的地方、老鹰也能发现人类在如此远的距离无法注意到的最小的动物；在黑暗中、猫头鹰能够捕捉在类似环境中任何人都察觉不到的老鼠；一个人的正面视力有限，而一只羊则可以同时看到前方和两侧。在谈论武术时，真正有成就的武术大师比其他人更能看到战斗技巧的微妙之处。

看一个高手表演一个短的单人套路、普通人看到三个动作：(1) 双臂打圈、(2) 左脚低踢、(3) 转身面对对手的防守姿势。我们不会不知道在格斗形式中所用到的巨大速度和各种身体部位的用处。

虽然目睹的是同样的练习套路、但有更多武术经验的人会注意到更多：(1) 手臂像风车一样旋转以转移拳头。(2) 用左手击打、紧接着用左脚踢对方膝盖。(3) 180度转身逼近对手、将他推倒在地。

在这种情况下、大师会想到什么？(1) 进攻者双手伸展、防守者迅速转向其右侧、腰部先转向右后转向左。这样毫不费力地绕开他的手臂、将对手的双臂格向左侧。继续圆周运动、防守者向左移动。他将腰部向右转、同时用空出的左手击向对手的头部。他的右手格挡进攻者进攻的左臂、使之向下并远离右侧。(2) 对方挡住防守者的左手的攻击、并向前踢出。看到对方已启动的脚踢动作、防守者右脚向右跨步、同时左脚向前踢向来犯者的一侧、他不留痕迹地收回腿、并用它勾住攻击者的脚后跟、使他失去平衡。(3) 防守者左脚落地时、全身右转180度。他的右脚落在更靠近对手的地方、而他的左脚跟着脚后跟旋转、右手肘击打对手的下巴、摔断了对手的脖子—绝杀。

在这一系列的每一个动作中、大师比那些经验和技能较少的人注意到的更多、他知道哪些肌肉被正确地使用、哪些肌肉没有被正确地使用、他认识到每个动作都有可能有多种应用、他看到了身体的内部结构、包括其骨骼排列、每个完整的关节以及呼吸、神经和循环系统中可能出现的障碍。除此之外、大师会感觉到内在能量（气）在经络中流动时的运动。他找到了优势和劣势、以及力量的源泉如何在整体的身体力学中分配。最后、他认识到、整个武术套路都是由心智引导的、甚至攻击者的心理状态也能被直觉知道。

我想起了我的师父，他看到的比我多得多。

用于监控的接触

当两个人对抗时、最常见的接触点是他们的前臂相交叉。这通常发生在一个人向另一个人伸手或击打、而进攻性举动遭到阻挡或格开的情况下。躲避这种攻击可以使你轻松避开危险，但你可能会担心随后的某种进攻。在通过阻挡或格挡躲避第一次攻击后、通常会立即收回手臂作出防守的姿势，但是、如果你将手臂从接触中移开、你可能会错失良机。

一些大师更倾向于在遇到对手的前臂时立即启动或保持与对手的轻微接触。接触本身是安全的、所以如果没有理由破坏接触、接触就可以用来感知攻击者的下一步动作、从接触点可能会感觉到进攻者接下来要移动到哪里、无论哪个方向。

如果你的右臂接触到进攻者的右臂、他接下来可能会尝试用左手进攻、当他的左臂开始向前移动时、你可能会感觉到他的右臂向后移动、当一个肩膀移动时、另一个肩膀也必须移动、你会收到他即将做出的动作的提前信号。由于肩部和手臂之间的旋转连接、你可以运动你的前臂防止被击中。例如、如果右前臂防御对方的右拳后、对方试图用左手打击、你可以抓住对方的右臂并移动来控制对方的左臂、控制一只手臂会影响另一只手臂的运动。

向前运动会增加对手臂的压力、后退则会减轻压力。向左或向右移动、下沉或上升、都可以在手臂的接触中感觉到。在这些情况下、重要的是使用挺劲以防脱开接触、这样你就可以继续监测对方的意图、保持接触并跟随对手感知他的全身运动。

人的身体由肌肉和骨骼组成、紧张的肌肉组织最能通过身体传导运动、移动一个部位会立即导致其他部位移动。身体越放松、就越难感觉到前臂的运动、这是技艺高超的大师喜欢放松风格的另一个原因。正如大师们所说："轻轻的一碰、你就能知道你的对手、而他却无法知道你。"

上面的段落讨论了利用前臂的感知来监控对方的动作和意图的方法。我们也可以用同样的方法来处理腿与腿的接触。在以这种方式使用前臂或腿时，你还必须意识到这些肢体可能受到的潜在危险。如果手臂和躯干保持放松、他们可以轻松移动以防止对手获得任何优势、例如被抓住或锁定。保持双腿的安全更困难一些、因为即使是高手也常常无法放松双腿、始终保持移动。

一种技巧，多种应用

众多搏击流派在他们编订的套路中保留了大部分他们的体系。当学生们开始学习任何套路时、他们就站在武术的门口。跨过门槛的第一步是开始——记住每个单独的动作、这有助于学习每个动作的应用并在练习中将其形象化、然后保持每一个动作、并养成习惯。至此、学生就开始从记忆的工作中解脱出来、可以真正地练习套路来完善它。

初学者常常认为每个动作只有一个应用、而实际上它们有很多变化。通过在心中把每个动作对应到一种技巧中来学习套路、确实很有效、这也是标准的学习方法。随着学生对每个动作越来越熟悉、逐渐增加适合他们已经提高了的技能水平的变化会越来越容易。这种形式使搏斗体系的基础得到发展、可以从这个坚实的基础构建无限数量的应用。

手掌朝上的防御技术对所有体系都通用、它可以用来对抗攻向头部的一拳。有时候因为对方站姿稳定、必须用很大的力量挡住、才能撞开迎面而来的手臂、防止被击中。如果进攻者用左手进攻、而你向左侧跨步、则可以轻松完成防御、因为格开对方的进攻和防御是协同工作的。如果你下蹲以躲避进攻者的拳头、则可能根本不需要格挡、而使用手臂进行打击。或者、你可以走到攻击者的前腿后面、并使用同一只手臂将攻击者摔过你站位有利的腿。

这些基本防御的例子展示了如何用手臂运动来阻挡、格开、击打或出拳。还可能有更多的应用。分析套路练习、可以发现每个动作的许多变化、仔细观察就会很快发现一些明显的变化。然而、除了有天赋的大师之外、所有人都忽视了很多变化、接下来举一个例子。

趋前的进攻者可能会将双手放在你的前臂上、如果他用一只手臂推你、你可以转动以转移他的推动、进攻者可能会立即尝试用他的另一只手臂来推、你可以用同样的方式转移它、你不用硬碰他的推动、你放松的手臂跟随他转动的腰部、让他没有任何可以推挤的东西。当进攻者从后面进攻时、你可以利用相同的身体运动。如果他从后面抓住你的肩膀、你可以迅速向左然后向右移动、用你的肘部向肾脏方向打击他的下肋、同样的技术、但应用在完全不同的方向。

经过长期研究每种技术的潜在用途、我发现它们相乘的结果会产生数量惊人的武术应用。技巧之间流畅过渡的原则增加了可能的技巧的数量、这些原则包括放松、身体对齐和专注。没有这些关键要素、技巧和应用的数量就没有人们期望的那么有意义、因为使用者将无法轻松准确地运用它们。

风箱式呼吸

练习套路或技巧时何时吸气何时呼气？这个问题在武术学习者中经常引起反响。方法比比皆是、他们可以选择他们认为最适合自己需要的方法。在武术和非武术传统中可以找到许多呼吸方式、武术受到印度瑜伽修炼方法的很大影响、也结合了道教的长寿技巧。

手臂向外伸展时吸气、
当手臂收回体侧时呼气。
或者、以相反的方式呼吸。

屏住呼吸、在吸气和呼气的中间快速停顿一下
暂停可以是一瞬间、或者直到你的脸变成蓝色。

通过鼻子吸气并通过嘴呼气
或者、以相反的方式进行。

呼气时、扩大腹部。
吸气时、收缩腹部。

在击拳和呼气的同时绷紧躯干、肩膀、手臂和手。

或者什么都不做。

以上给出了一些将呼吸方法与搏斗术相结合的基本特点、如果再加上其他要求、这些操作要求可能变得更加复杂、比如在保持特定身体姿势、手势以及身体内视时计算时间。

所有这些呼吸方法都需要练习者不断考虑到正在做什么、什么时候做、持续多久。这对于静坐或站立练习可能没问题、但对于武术、我们不能让呼吸要连续的想法影响内心、它们只会干扰格斗类的运动。道教大师们的古老传统中有大量的呼吸技巧、习武时他们喜欢这样一种更简单的方法：他们用风箱作比喻。

风箱用于帮助启动和保持火焰的燃烧、它是锻造过程中必不可少的工具。拉风箱的把手、空气就会被吸入风箱中；推风箱的把手、空气就会被排出风箱。无需提示风箱何时吸气或强制排气、把手的运动使其自然发生。武术运动也是如此、如果一个人以放松的身体执行任何技术或套路、这些动作将会使肺部吸气和呼气、如果身体紧张、呼吸就会变得不通畅、不规律、从而让人疲劳、因为通常人都容易紧张、所以在习武时、可能需要融入一些对呼吸的修炼。对于大师们来说、呼吸是另一种和搏斗技巧和谐统一的技能。

双向张力

大多数习武者不仅在格斗中紧张、甚至在不格斗时也紧张。这是由很多原因导致的、一个主要原因是、绷紧身体会给人一种力量和强大感。作为搏击艺术的一个主要因素、恐惧也很重要。它会引起压力、进而引起紧张。然而、高水平的习武者在他们的技术中表现出较少的紧张、时间和经验告诉他们、在完成技巧时越放松、速度、连贯性和力量就越大。紧张会导致反应迟钝并放慢动作、久而久之、紧张会导致僵硬甚至慢性疼痛。

在练习中培养放松的老师会寻找学生出现紧张的迹象、最明显的部位是肩膀和手。对于初学者来说、紧张感一点都不明显、老师不断提醒他们放松、让肩膀下垂、让手腕和手指释放所有的僵硬、恢复自然形状、有的学生咬紧牙关、放松背部和腿部要更加困难一些。

身体中的这种紧张会影响战斗技巧的发挥、绷紧的肌肉会阻碍身体的向外移动并削弱击打和出拳的力度、僵硬也限制了踢腿的高度。在这些情况下、即使试图伸展手臂或腿、肌肉也会收缩、对武术技巧的进一步检查也表明肌肉被迫过度拉伸。所以我们实际上有两种类型的紧张、紧缩运动和伸展运动、过度伸展本身会造成伤害、它在战斗中也是非常危险的、因为肘关节和膝盖是容易受伤和折断的目标部位。

一流高手、也就是那些标准的制订者们、他们的身体姿势不受僵化的支配、它们的动作形式既不会被压缩、也不会被过度放大、动作的目标是自然和随意的移动。为了摆脱身体不必要的紧张、大多数大师坚持不懈地尝试（1）确定紧张发生的地方和（2）了解紧张发生的原因、他们的警惕性使他们有更强的意识和更多的时机来驯服紧张。

常规的放松方式是安静地站立并在内心从头到脚扫描自己：

(1) 放松头部和前额以及眼睛、耳朵和下颌周围的任何紧张。即使是头的内部也应该感觉像一块膨胀的海绵、放松任何紧绷感。
(2) 然后是脖子和肩部。让它们尽可能自然、感觉手臂松弛地垂在身体两侧、放松腕关节和手指、在重力的作用下、从肩膀到指尖对齐。
(3) 让呼吸自然而然、顺畅而均匀。让腹部放松。
(4) 注意平衡是怎样影响站立时使用到的肌肉量的。腿用于负重、在放松腿部时、也包括脚踝和脚趾。找到哪些是可以承受的紧张、并了解哪些是不必要的紧张。平衡让一切变得更容易。
(5) 保持姿势、再次在内心扫描身体、让任何紧绷感消失。
(6) 记住本次练习中身体的感觉、并以它为参考研究存在于武术动作中的张力。

无阻力，无压力

　　压力中有力量。这就是汉字"压"和"力"的含义。汉字"力"代表手臂，这是古汉语中表示力量的偏旁。"压"的词源将其解释为"装满泥土"的东西，泥土很重，表示会造成压力，它可以对所有遇到的事物施加巨大的力量，压力的大小与泥土的量成正比。同样的物理原理也适用于武术练习。

　　在单人练习中，我们可以识别出许多压力发生的区域。我们只需要问"是什么导致了压力"。身体上或身体中的"泥土"从哪里开始感觉到？最显著的位置是关节，它们具有固有的舒适的运动范围，当超出这个范围时，就有问题了。当推得太远时，就会造成伤害并产生巨大的疼痛。然而，即使是去除了"泥土"的压力也会产生影响，例如，当一个人一腿在前，另一腿在后向前推时，通常是后腿提供向前运动的动力。如果腿部位置不是最有利于推动的对齐方式，则会导致膝盖的轻微摩擦。如果手臂未处于最佳位置，肩部、肘部和手腕就可能会出现压力。压力通常很小，以至于经常被忽视，压力的大小会因为对齐的程度而有所不同，更好的对齐有助于更好的运动。

　　单独练习时施加在身体上的压力相对较小，因为你可以控制自己的动作。然而，当面对对手时，可以预见发生压力的情况要多得多，在竞技比赛中，关节承受更大的压力；擒拿动作旨在对骨骼（例如伸展的手臂）施加力量以执行出拳的动作；锁定之所以有效是因为它们使对手处于不利位置，并对他们的关节和骨骼施加压力。压力或速度稍高的应用可以轻松地把锁定变成折断。

　　仔细观察身体运动会发现进攻者的压迫性动作会对防守者的身体造成压力。做出反应时，防守者的身体内部会产生额外的压力。推、拉和扭转产生的压力会对关节、韧带、肌肉和肌腱造成严重破坏，在搏击的情况下，这会以受伤告终。对于单独的体育锻炼，压力也会造成伤害，运动中一个看似微不足道的小错误，随着时间的推移反复进行，往往会导致身体出问题。

　　被拉动时的抵抗也很常见，例如当攻击者抓住一个人的手腕时，顺着拉的方向移动，可以保持中立，肘部和肩关节不会受伤。因此，无论是推还是拉，阻力都是一种常见的与压力和潜在伤害有关的反应。

无论何时练习武术、一个重要的准则是不要让压力在体内累积。这只有在没有阻力时才有可能、用推动阻止推动、是力与力的对抗、会产生巨大的压力。通过远离推动、或简单地将其转移到一边、你就可以保持放松和中立。当为了格斗或健康而练习武术时、最好保持身体没有压力。不断观察练习期间压力如何以及何时出现、随时加以调整、可以使运动更安全、更高效、这反过来也提供了改进搏斗技巧的方法。

对、错或变化

我们的《大清律例》包含了1907条法规。这些法规是在特定情况下判定是非的指南、用于确定适当的处罚。还好、如果在习武过程中出现一个错误的动作、没有规定要竹板伺候。但是、武术学习者确实会为犯下的任何错误付出或大或小的代价。

有时、某个动作执行得非常不正确、立时就会受伤。很轻易就能判断这个动作有没有做对、结果就是证据。然而、在绝大多数情况下、区分正确与否的界限并不是那么清楚、一个例子就能很容易地说明、在基本的弓步动作中、即站定成准备射箭的姿势。如果十名学生以这种姿势站立、他们的脚趾通常会与肩部和臀部成一直线、身体部位完美对齐。后来发现一个例外：一名学生的后脚向后倾斜得更远、双脚指向不同的方向。这种站姿不正确吗？他的站姿和老师的站姿明显不同。

用标准来判断并不总是合乎逻辑的、让同样的十名学生面向前方、双脚并拢、以放松的姿势站立。大多数脚趾将指向正前方、然而、有些人的脚趾可能略微向外、使得双脚呈三角形排列、也许有些人的站姿会像鸽子的站姿一样。如果老师让他们把脚伸直、这些学生可能会感到膝盖或脚踝有压力、角度越大、强迫脚尖向正前方对齐需要的张力就越大。

经过仔细检查、很明显所有学生都有自己的自然对齐方式、在做出任何判断之前需要考虑到这一点。判断的标准不单单是师父的姿势和动作提供的样板、而是每个人根据自己先天的体质、能做出的最佳动作的理想状态。

有经验的师父可以识别出学生在理解和执行技巧方面可能存在的错误而导致的姿势和动作走形。同时、师父应该将此类错误和因体质引起的动作走形区分开来、教学应指导学生根据自己的独特特点在运动中追求完美。最后、学生必须发现什么对他或她自己来说是最自然的、同时考虑到诸如骨骼和肌肉系统等内部结构。一个好的武术家不应该纠结于动作、当艺术被掌握时、技巧就会变得毫不费力。

另一个争论的领域涉及那些纳入到实用套路的技术的实际功能。一些有用的例子如：(1) 云手：有人说手指应该在圆圈的顶部指向上方、而另一些人则说它们应该是水平的。(2) 倒卷肱：退步时、一只手向前推、另一只手向后移动与头部平齐、或向下弯曲并超过臀部后返回。

令人印象深刻的动作

在很大程度上、武术家因展现他们非凡的搏击技巧的能力而受到尊重和钦佩、观看者惊叹于他们无视重力的跳跃、轻松完成的劈腿以及闪电般的击打。但是、如此出色的肌肉表现、以及平衡、扭转和翻滚的绝技并不是真正的大师认为最有价值的主要品质、为什么？

一名高度敬业的习武者每天花费数小时练习、伸展腿部肌肉以获得灵活性。几个月和几年后、他的腿变得强壮、可以以极低的姿势仍然保持稳定。没有其他人可以下蹲到这么低的伸展位置、确实令人印象深刻、但试图从这个下沉的宽度移动几乎是不可能的、这个站姿极难做到、太难了、以至于它对任何实用的武术都毫无用处。伸展得如此之宽、两条腿都没有足够的弹力来移动到一侧或另一侧。过度剧烈的运动使身体内部力不从心、而且往往会导致自我伤害、肌肉拉伤、韧带断裂、骨骼和关节发炎。

我见过的大师们对夸大、戏剧或杂技都不太在意。武术的真正目的不是表演、也不是体操、大师们尤其轻视骄傲的孔雀式的表现出的自我。任何动作或技术的高难度并不意味着它可用于自卫、花哨的动作往往会吸引注意力、但同时也干扰了使搏击更有效的原则。所有认真的武术家都在练习、训练和锻炼身体方面保持健康和连贯的搏斗技巧。

渴望成为超人并向他人展示人类运动中可能存在的罕见难度、这可能会偏离武术的指导原则：寻求以最有效的方式运动、而不会因错误的训练方式而伤害自己.

镜子般的心灵

在明朝（公元1368-1644）引入西方的玻璃镜之前、精美的铜镜在这里已经普及了一千多年。铜镜大多数是由青铜铸造的手持圆盘、正面高度光亮、背面有图案装饰。除了明显的用途外、道士还会把它们放在地上、收集早晨的露水制作丹药；有些人把它们背在背上以驱邪避妖。当明亮的光线照射到神奇的镜子光亮的一面时、它会反射反面的图案、将它们投射到墙上。

哲学家用镜子作为心灵的象征。人类容易受到多种心理干扰、尤其是波动的情绪、这种"世俗的尘埃"会阻止镜子正常反射。在《道德经》中、老子问："你能擦亮你那玄妙的镜子、让它一尘不染吗？"（涤除玄鉴、能无疵乎）？这种擦亮镜子的方法必须要平息情绪、以使头脑清楚地反映真实存在着的现实、像平静的池塘、没有一丝波澜、水面能映出长空飞翔的大雁、画面毫不失真。水不会留住图像、而是让它们流过。

剑客如果被愤怒、恐惧或仇恨包围、他的动作就会受到影响、会导致仓促的进攻和糟糕的防守、因此、精神状态对于习武者来说是极端重要的。光亮的心灵会反射任何搏击对抗的现实。看不到情绪化的尘埃遮挡视线、你就能毫不费力无忧无虑地保护自己。达到如镜子一般的心灵、一直是许多哲学和宗教传统的终极目标、它也适用于武术传统。

武术世家

中国人生活的指导原则是儒释道"三教合一"。这些伟大的传统影响了我们生活的方方面面、许多概念是共通的、但那些将我们的社会结构联系在一起的概念主要来自伟大的圣人孔子。一些更重要的儒家美德包括孝敬父母和长辈、忠诚、善良、亲情、守信、诚实和和谐。那些不把这些美德付诸日常实践的人应该感到羞耻、因为他们的行为会给社会带来混乱、给家庭带来耻辱。

孔子认为家庭是社会秩序的关键、他因那些确保实现和平与和谐的智慧而被称赞。深深植根于这一理念的是对长辈和老师的深深尊敬、他们的智慧源自多年的丰富经验。老师这个词并不仅仅意味着"教师"、"老"是老的意思、"师"是教师。一个人需要多年的经验才能获得知识。

有些人不同意儒家的家庭观念、例如夫妻关系、他们可能会说:"茶壶只有一个壶嘴、但有很多杯子"、然而、拥有多个妻子或情人的丈夫无法妥善照顾家庭。繁体汉字的"奸"、它由三个女字组成(姦)、它有通奸、强奸、叛逆和敌视的含义。另一方面、表示和平的汉字是"安"——一个女人在屋檐下、意味着安全、可靠和安静。

中国家庭的社会结构被武术世家所复制。大师之下有一个组织良好的等级制度、其次是高年级到低年级的学生。学生的责任包括对老师的忠诚和尊敬、以及对同学的友善和关爱。所有学生都忠于自己的师父、而且只有一位师父。如果学生达到了较高水平、师父可能允许他或她向其他大师学习;否则、就像是一个丈夫问他的妻子他是否可以每周与另一个女人共度一晚、并且不希望这对他们的夫妻关系有任何影响。甚至请求得到这种允许也是一种冒犯、表现出缺乏尊重和感激。

学生不忠于武术世家、师父为什么要教给学生更高水平的技能?为了保护更高的教义、武术和精通医术的家庭采取了预防措施、每当知识能被不道德的人使用时、负责任的人就必须保护它。对于潜在的致命艺术尤其如此、高水平的武术教义有一系列保密措施、并以儒家原则中列出的社会责任加以强化。

儒家理想所提供的稳定秩序让一个武术世家能够世世代代保持和提高他们的武术。通常、一位大师会将他或她所有的知识传授给他的三个最有资格的学生。好学生的评选、不仅要看他们的身体能力、更看重他们正直的品性。

道家哲学

几个世纪以来、一些人意识到将道家理论应用于他们的武术实践的价值。一些难得一见的大师让我着迷、他们能够把奇妙的想法运用到他们的武术中、增强他们的力量、速度和动作的连贯性。然而、绝大多数大师无论花费多少时间和精力、都没法把这些道教原则付诸实践。这个哲学流派的历史和基本概念值得简要回顾一下。

根源当然来自《易经》、这是一本西周时期（公元前1000-750）的占卜手册、可能基于更早的寻求与超自然交流的方法。在战国时期（公元前475-221）及以后、《易经》以富有见解的哲学论述成为了解宇宙的指南。这些丰富的思想来源为儒家和道家传统奠定了基础。《道德经》和《庄子》的作者老子和庄子都受到了灿烂的原始觉悟的启发。他们提出了基本的道教概念、我们可以在这里回顾它们与搏击的关系。

万物

所有存在于天地间的事物、常被称为万物、这是一个笼统的名词、意为数不胜数。事物的形状和大小无穷无尽、以千变万化的颜色、声音、气味、味道和质地使我们的感官眼花缭乱。从出生起、我们就不得不在这个循环往复的世界中找到自己的位置。我们研究出的理念可以给予决定我们成功的悟性和技能、这是我们的生存手段。

在中国早期文化的形成过程中、哲学家们认识到、如果能将围绕某一特定事物的万物简化、就会更容易解决任何复杂的问题。这个问题最重要的方面是什么？其他因素扮演什么角色、哪些是真正重要的？通过这样的提问、早期的哲学家实际上正在创造一种高度复杂的推理模式。他们发现为万物分类以更好地适应他们的环境很有用。

在武术练习中可以找到类似的情况、学生最初被一万个动作所淹没。他们面临的挑战是找到一种方法来正确掌握所有动作的复杂性、以及找到一种面对多个进攻者时的自卫策略。由此更进一步就能发现一些有关的分类、通过分类可以更好地理解和执行格斗动作。

五行道法

哲学家停下来思索世界、并关注天地之间出现的万物。他们仔细观察各个方向、当一个人向外凝视时、他意识到他自己构成了他存在的中心、宇宙的中心。同样、武术家可以发现自己处于搏斗的中心、被对手包围。

或许人与宇宙之间的这种取向使中国人产生了五行的想法。对"五"和"行"两个字的分析有助于我们阐明通常赋予复合词"五行"或"五相"的一般含义。"五"只是代表数字五。在古代、它写得像一个X、其中四条线表示来自一个共同中心点引出的方向。后来、在X的上方和下方各放置了一条线、象征着天地、这类似于人类在地球上的位置。只有站在他自己的角度、他才能放眼天下的各个方向。

"行"带有去、操作、做或启动等含义。结合"五"、我们有五个积极的力量、或推动力、它们代表了物质不断自我转化的五个基本阶段、是保持万物运转的抽象力量。

除了与五个空间方位（北、南、东、西和中）相关联之外、五行概念还适用于自然的其他方面。五行的一部分表明了它作为综合工具了解万事万物的重要性、特别是它通常与季节、动物、天气、身体器官、数字、音符、颜色甚至味道相关联。

五行是怎么运转的？根据道教的论述、他们似乎很容易在相生相克中发挥作用。正如一个季节自然而然地跟随另一个季节一样、任何一个阶段都与下一个阶段相连。此外、所有阶段都以某种方式相互关联、每个阶段都有自己的特点和影响。简而言之、每一个阶段都在保持万物运动的整个建设和破坏过程中发挥着作用。由于因果关系、它们循环流动、从一个阶段传递到下一个阶段、直到完成一个循环。通过深入了解这些变化所涉及的规律、人类可以更好地适应世界上不断变化的变化。

五行理论适用于天文、占卜、医学、农业、政治、艺术、宗教和武术等各个领域。作为一个有价值的示意图、它在其关系转化的特定范围内、用于分析和理解其研究的主题。因此、在它们的变化中、仍然可以找到潜在的秩序和永恒。

中国古代哲学家正在寻求一种实用的方法来获得掌握生活所需的洞察力和技能。虽然五行理论被证明非常有用、但它的应用实际上仍然那么复杂、以至于只有最有天赋的智者才能成功地利用它。在情绪的驱使下、大多数人很容易对五个不断变化的变量分心、纠结和感到困惑。老子很清楚这一点、他说：

> 五种原色使眼睛失明。
> 这五种味道会混淆一个人的味觉。
> 五个音调会导致听力损失。
> 因此、贤明的统治：
> 他为了本质、摒弃肤浅。
> 因此、他保持不分心和专注。

五行被理解为万物的简化了的基础。为了更可行、是否可以进一步简化？中国的智者正是通过利用阴阳平衡来做到这一点的。以类似的方式、武术家最终会在包含着搏击技巧的复杂动作中找到规律。一些从业者痴迷于他们套路中的许多技巧、他们不听老子的忠告、反而迷失在那万个动作中。如果一个套路被分成几个部分并且顺序变得清楚、那么这个套路的执行难度就会降低、这样、习武者感觉他好像正在套路的各个段落中穿行而不是在完成许多单个动作。

阴阳二道

我们用两只脚走一条路、只用两只眼睛看世界。公元前四世纪、中国人也用阴阳学说制定了两极的世界观。到汉代（公元前202至公元220)、阴阳学说吸收了五行学说。它们共同提供了一个全面的系统、不仅对分析有用、而且对它们所应用的所有领域的控制和操作也很有用。

阴阳学说有着土生土长的根基。汉学家们认为、这些古老的汉字部分来源于每天日夜之间波动的象征性图像、或更准确地说、是光明和黑暗。"阳"字代表着地平线上的太阳、把它的光辉照耀在大地上。从结果来说、阳的出现暗示了一系列类似太阳的属性、例如热、白天、清晰、明亮和火。"阴"字由"今"和"云"组成、"今"意为"现在"、"云"意为"多云"。因此、阴与云的特征相关联、包括冷、夜、阴影、阴暗和水。奇怪的是、没有任何文字可以完全表达与阴阳相关联的含义。由于语言的象征意义未能传达阴阳的含义、因此需要一个更合适的象征。在中国发明的所有宇宙图中、太极符号无疑是最著名的、它也是表达阴阳理论最有用的符号。在讨论符号本身之前、应该首先分析太极的字符。

当分解太极的汉字时、我们发现单字"太"指的是"非常大"或"极限"的事物、它就像一个简笔画、四肢向四个方向伸展到极限。"极"更复杂一些、它也有"极限"的意义、但更重要的是一个"极点"、任何轴的极端。在古代、"极"是房屋结构赖以支撑的"梁柱"的常用词。在宇宙理论中、太极是"无上终极法则"、是支撑整个宇宙的宇宙脊梁。

在哲学术语中、太极是绝对、这是万事万物赖以存在的最基本的法则、绝对是无限和普遍的、以至于它没有任何可被感知的看得见的迹象、因此、阴阳成为它的第一个可见的属性。太极的象征、或者至高无上的终极、是阴阳间的相互交错。这些部分不是静止的、而是不断运动、以波动的百分比改变它们之间的关系、甚至互相转化。通过阴阳的各种相生相克、宇宙保持运动、任何不符合他们的原则的创造都无法存在。老子写道：

> 万物背阴而向阳、并且经阴阳
> 二气的互相激荡而成新的和谐体
> （万物负阴而抱阳、冲气以为和）。

阴阳的相互作用是武术套路的基础、它是连贯运动的推动力。在整个套路中、练习者体验到阴和阳波动的脉搏。

在道教中、五行和阴阳用于分类万物、这有助于人们从各个方面了解宇宙、五行和阴阳也展示了宇宙是如何运作的。习武者同样通过位置的相位和阴阳之间的波动来说明运动的不停流动。在更微妙的层面上、运动是从静止中产生的、静在道中。

天道身份：道教的大道

《道德经》写道：

"早在天地之前、就有浑然而成的东西出现了。听不到它的声音也看不见它的形体、寂静而空虚、不依靠任何外力而独立长存永不停息、循环运行而永不衰竭、可以作为万物的根本。我不知道它的名字、所以勉强把它叫做'道'"（有物混成、先天地生。寂兮寥兮、独立而不改、周行而不殆、可以为天地母。吾不知其名、强字之曰道）。

道有调和对立的力量。我们在最高水平的武术表演中发现了这一点。人们完成超过一万个复杂的动作、任意组合的连续技巧、甚至身和心的双重体验后、就会领悟。这是一种神秘的状态、不仅限于搏击。

在《诗经》中发现了一个存在于老子时代的主导思想："上天创造万物、都有它自己的规律、法则。人的常性与生来、追求这种尽善尽美的美德"（天生烝民、有物有则。民之秉彝、好是懿德）。通过磨光明镜般的心智、洗去尘世的尘垢、得到神圣的身份、或者道的觉悟。老子还劝人去除欲望、以探索道的秘密、庄子称之为"清心寡欲"的过程。

道的实践是非常重要的、因为谁达到这个境界、谁就有了永恒的道的所有特质。为什么这在武术中很重要、可以从《道德经》中的一句话中看到："与道合一、至死不渝。"

老子进一步指出：

"据说、善于养护自己生命的人、在陆地上行走、不会遇到凶恶的犀牛和猛虎、在战争中也受不到武器的伤害。犀牛对其身体无处投角、老虎对其身体无处伸爪、武器对其身体无处刺击锋刃。为什么会这样呢？因为善于守持生命的人不会自陷于绝境"（盖闻善摄生者、陆行不遇兕虎、入军不被甲兵。兕无所投其角、虎无所措其爪、兵无所容其刃。夫何故？以其无死地"）。

道在中国文学中被描述为是追求完整和整体的、因此、它是宁静和安宁的居所。它是"万物之母"。老子说"因而、道生长万物、德养育万物、使万物生长发展、成熟结果、使其受到抚养、保护"（故道生之、德畜之。长之、育之、亭之、毒之、养之、覆之）。所有这些话都激励习武者欣然接受道。

活用的道教

武术学生在体验武术套路和复杂的应用时会经历各种心理阶段、它开始时是一个神秘的技术大杂烩、随着时间的推移、套路中的众多动作变得更容易理解和执行、因为定期练习让套路变得熟悉。五行和阴阳的概念帮助我们理解套路变化的可能过程。我们还学习了身体运动时所使用的作为一个整体的所有部位之间的内在关系。

在最高水平的练习中、武术套路的完整性和整体性在道的统一性中找到了相似之处。当我们超越了身心的双重性、武术套路似乎自然而然地流动起来、就像河水流动那么自然。这是在"无为"状态下的竞技、在这种状态下的个人表演、其特点在于平静和无思无虑。这对武术家来说也有其他含义、它使道的力量（德）得以实现、因为在自卫中、只有通过人类思想和动作的完全统一才能以可能的准确性和力量自发地移动。

我们所分析的是在武术套路中发现的道家的原则。在这里、发现了个人的自我工作原理、呈现出他们在单人套路中看到的身体和心理的运行。还有其他练习、例如推手和对练形式、这些做法旨在让个人发现他与他人的关系。

通常、那些评论道家哲学的人都是从道开始、再到阴阳、然后是五行、最后是万物。然而、道家思想的另一个大主题是必须返璞归真、或返本归元。因此、这篇小文章从我们在万物世界中所处的位置开始、展望回归之路、我们彼此不过是路上的伙伴。

道家长生不老的追求

庄子写了《养生主》。我们的第一位皇帝秦始皇（公元前259-210）光顾过道家的炼金术士、制作过丹药以求长生不老。自远古时代以来，人们对长生不老的无畏追求无不充满热情。公元142年老子出现后，张道陵开创了号称天师道的道教运动，千百年来，天师道成长壮大直到今天。这个团体和其他人推动道教实践在中国各地的传播。

当佛教在中国兴起时，道教部分衰落了。结果，道教从佛教徒那里复制了某些组织方面的技巧，建立了等级制度，建造了寺庙，并在皇帝和政治领导人的带领下举行了辩论。各种道家流派不断发展，但基本原则仍然基于一个共同点。但有的支派，如宣扬通过性行为来补气健身的，还是遭到了批评。相比之下，天师道包含了180条戒律，认为任何罪恶的行为都违背了道家之道，损害了个人的身体、心灵和精神。

葛洪（283-343）、"追求简单的大师"，用他的文字使人们学习长寿技巧并制作丹药。许多人学习使用他的方法，而另一些人则有自己的方法和各种方法的组合，比如生吞含有金的津液，像乌龟一样呼吸，像老虎一样伸展肢体，辟谷，食用丹药包括朱砂，揉搓和敲击关键部位，按摩脏腑，诵唱仙乐，内视气在体内的运行。

今天，我们发现了各种各样追求长寿和长生不老的道家养生方法。早期的长寿功一般通过可以摄入的东西、因此与外丹有关。花在这些修行上的时间、金钱和精力收效甚微，寿命的延长几乎可以忽略不计，很多信徒因为摄入毒药而死亡。从那以后，更多人转向内丹，这是一种特殊的身体、心理和精神实践，它设计的初衷和外部炼金术相同。

内宗不是用鼎炼丹，而是用人体本身作为修炼三宝的器皿，三宝指的是精、气和神（即精华、能量和精神），培育三宝会带来许多好处。有一些方法专注于心，例如道家的瑜伽，以及坐着或躺着的冥想和内视练习。其他方法则需要身心的协同工作，正如我们在导引（伸展和拉动）和气功（锻炼元气）的许多体系中发现的那样。

有些练习侧重于保持和滋养健康，而其他练习则是为了精神的发展、或为身体带来非凡的力量、特别是用于武术目的。八段锦虽然是军事将领岳飞创建的、它同时也是医学气功的一个例子。达摩的《易筋经》、通常针对特定的身体部位和经络使用十八种练习。《六声疗伤》可能是在早期的声乐练习系统中加入二十四个动作的结果、发出的声音包括嘶嘶声、打哈欠、叹息、喘气和大笑、每个声音都发第一声、即普通话四声的平声、据信它们都影响心、脾、胰、肺、肾和三焦（传统中医确定的三个区域、即身体的上、中和下三个部位）。著名医师华佗（145-207）模仿虎、鹿、熊、猴、鸟五种动物的深度伸展和呼吸的动作创作了《五禽戏》。在某种程度上、这些有助于康复、但它们主要用于养生、预防疾病以及与衰老相关的常见问题。

　　上面提到的系统有许多分支、还有其他类似的练习。他们在维持和改善身体、心理和精神状况的目的上有共同点。对于真正的道士来说、最终的目的就是通过这样的修行达到道的统一。这些方法中的每一种都对习武者有用、医学知识有助于保持身体健康、伸展确保柔韧性、冥想使心灵平静、饮食滋养身体、从而创造了一种哲学、这种哲学体现于个人、融入了武术系统。

　　既然与健康长寿相关的道教功法不计其数、当然会有各种各样的理论和功法可供个人融入他们的武术练习中。我在主要的道教中心见过道行深厚的修行者、比如北京这里的白云寺、还有其他隐居山中的隐居者、他们在自然环境中和谐修道。高地的纯净空气和宁静特别有利于道的修炼。毫无疑问、这就是为什么"仙"字是由"人"和"山"字组成的。

　　告诫那些追求武道和道家之路的人：道就是让我们自己捉弄自己！我们总有办法解决矛盾、这个矛盾就是这条路看起来容易但是走起来难。那些尚未实践道的人肯定会被人类的弱点所左右、被误导的幻想带偏或被未经检验的理论拖累、炼金术士死于自己的毒药；一个战士被一个对武术有更多悟性的人打败了。要让道自行显现、需要极大的耐心、不能强迫。享受慢慢揭开序幕的过程、说不定有一天、你也能加入仙剑吕洞宾的行列。

拜师求徒

大师是拥有高超技能或技艺纯熟的人、在某种艺术中拥有最完整知识的专家。习武的人要获得大师的称号需要什么条件？我们不得不承认、它只是一个相对的术语、只有与其他人比较时才有意义。所以、我们使用一个虚构的评分系统、把习武者划分为从生手到大师的等级。我们根据我们多年来认识的那些武术家、从新手到顶级好手的代表、想象一个排名表。

新的大师们经常从全国各地搬到北京来。因此、有时我们评判顶级高手的尺度需要超出现在的尺度、所以、我们做了重新校准、甚至尺度这个词也意味着"向上攀登"、一个新的好手成为激励我们的榜样。因此、我们目前想得到的任何尺度都可以改变。但这里是北京、中国的首都。自前明朝1644年结束以来的一百年间、大清人口翻了一番、达到近一亿八千万。还有更多的大师、但很少有人取代目前公认的特级大师。

在较小的城市和村庄、技能等级最高的高手往往并不能名副其实、他只是当地知名习武者中的佼佼者、肩负着地方竞技系统的标准。奇怪的是、如果我们去到连小村庄都没有的偏远地区、我们也能找到住在高山石窟中的大师和隐士。在极其偶然的情况下、我们可能有幸遇到一位拥有非常出色的技能的大师、这位大师需要我们重新校准和重新定义"大师"一词、从而赋予这一名称全新的含义。这种相遇通常需要适当的介绍和一段时间来获得信任。声誉可能会将我们引向可能成为真正的大师的人、一个人是冒名顶替者还是真正的大师、将通过他表现出的是低级战斗技能还是超常能力的行动来判断。

佛陀说："等学生准备好了、师父就会出现"、不一定是这样、在一个尺度上被判断为大师的人、在另一个尺度上实际上可能被证明是平庸的。事实上、要找到一个真正的高手是非常困难的、他们确实是难得一见的独角兽、但是、任何我们遇到的分享知识的人都应该受到老师般的爱戴和尊敬。有了他们的指导、我们就可以更上一层楼、当然我们得谦虚地感激我们得到的馈赠。

伟大的大师们是老师、可以将他们归为有经验的长辈。他们大多数不识字或者不会写字、大多数人不熟悉伟大的医学和哲学文献、但他们表现出超常的天才和悟性、最重要的是、他们是武术大师。那些拥有最杰出的技能和悟性的人是龙、我们可能永远没有机会在他们面前鞠躬。

那么问题是真正的大师应该教谁或者不教谁？根据儒家思想、师徒关系是最重要的关系之一。它是父子关系的延伸、对弟子和对子孙的期望都是一样的、感恩、尊重、服从、责任、诚恳。这里的主要纽带是潜在的致命技能和武术知识、所教授的技能可以影响一个人能否在任何冲突（例如抢劫、战争或个人纠纷）所可能导致的暴力局势中幸存。这项重任需要具有以明辨是非为基础的坚强品格、以指导他们何时使用致命武技。

不期望一个年轻的新手能够意识到武术传统的全部意义、但是希望新学生有良好的品格、作为其父母的反射。出于这个原因、习惯上应该由熟悉的人、老师尊敬的人介绍新学生并为其品性担保、没有这样正式的介绍、老师不会考虑任何新的学生。大师也有一种习惯、在教授基础知识之前、至少要观察学生三年的任何品格缺陷。

为了学习任何武术、学生需要身体状况良好并保持健康的生活方式。学习格斗技巧需要花费大量时间和功夫、需要坚持不懈的练习。为了做到这一点、学生需要成熟的态度和稳定的情绪来保持对学习的热爱。随着时间的推移、武术学习与学生生活的各个方面都会密切联系起来。拥有全面的身体、心理和道德品质的学生很少见、因此、师父要找到一个值得称道的学生、就像学生要找到一个真正的大师一样困难。如果命运允许这样的两个人相遇、那弟子应该是终生弟子、他会向师父学习、发展武术体系、再传授给未来的弟子。

身体的连接

佛家有句话是这样说的："手指一动、整个宇宙都变了。"宇宙之间的联系也是如此。这也是对人体的一个类比、对习武者有更大的意义。

观察刚开始学习武术的人所使用的任何竞技技巧、并比较他和大师的动作方式、通常它们会截然不同！没有经验的人的动作会从头部和胸部转移到他们想要去的任何方向、他们阻挡、招架和打击时通过移动手和手臂、很少移动腰部或肩部、手、肘、头、膝和脚不相协调。相比之下、有经验的习武者则是从腰部的下丹田（身体的重心）来指挥他们的动作、防守和进攻动作从腰部开始、通过肩膀移动到手臂和手部、整个身体与每个动作都保持对齐。

习武者的首要目标是遵循道的原则行事、行动遵循无为原则、即任何行动都不是不自然的或违背自然规律的。这个理论听起来不错、但实施起来并不容易、所以我们很少看到它完全付诸实践。身体部位看起来太多了、无法一一妥善管控、所以大小缺陷都会在动作中显露、毕竟试图在技术中单独协调身体的所有部位太难了。然而、有一种方法可以通过专注于一个区域来使其他部分变得和谐、下图将提供一点看法。

一些武术家设计了数百件由绳子串起来并悬挂在天花板上的雕塑、当所有的碎片都掉在地上时、很难想象雕塑本来是什么样子。如果我们捡起一些碎片、它仍然没有任何线索、但当我们提起最靠近天花板上的那一件雕塑时、所有其他各件都会各归其位、形成完整的雕塑。对于身体力学来说、原理与此类似、重点在腰部、当腰部移动时、身体的其他部位也会随之移动。

另一个场景也会有所帮助。如果我们拿一块细长的布条、从中心开始转动、我们会发现一个非常重要的原则、即当中心转动时、它在两个方向上向两端拉动所有的线。只有当布料松弛时、才不会立即影响到末端。将中心转得更远、最终两端都会移动起来。这就是腰部开始运动时发生的情况。

腰部启动一个运动、转动肩膀、然后转动手臂、肘部、然后是手。高层次的修炼者做得很好、他们已经学会了如何用腰部在技术上移动上半身、使他们比单独移动手臂更有效率和力量。然而、一个经常被忽视的重要因素是腰部如何影响下半身、和那块长布一样、转动的腰部、即身体的中心部分不应该同时影响上部和下部吗？腰部启动一个移动、转动臀部、然后转动大腿、膝盖、最后是脚。

为了让下半身在腰部以下有足够的自由度、和它相关的腿部肌肉需要足够放松。腿提供运动的力量和速度、腰部给出方向。有三个主要障碍往往会阻止下半身跟随腰部的运动：(1) 双腿承重、(2) 防守者害怕攻击者、以及 (3) 防守者对技术中怎样使用力量没有什么想法，这些会导致练习者保持双腿过度紧张。

当腰部带动全身移动时，防御和进攻的技术变得比四肢僵硬和独立运动时容易得多。例如，如果进攻者推动一只手臂，防守者不应该只专注于手臂，而应该立即感觉到对方对自身中心的推力。这让他的腰部毫不迟疑地摆动，让防守中的反击流动起来。触摸对手的手臂时则正好相反：你应该感觉到对手的腰部、他的中心。

通过将上述想法付诸实践，可以使上半身和下半身一起运动，整个身体可以一起移动，没有紧张、没有停顿、没有犹豫。

身体的结构设计

我经常去北京这里参观天坛和雍和宫。我在外地许多地方祈祷，例如四川峨眉山的万年寺和洛阳的白马寺。它们是真正令人振奋的场所，尤其是当那些为寺庙带来生命气息的信徒们来参加时，就像呼吸从笛子中产生旋律一样。如同一缕缕香把祈福带到了天上，我们会深思各路神仙的力量，也会琢磨我们自己在尘世的卑微存在。

我们伟大的寺庙因其建筑设计令人敬畏。建筑师们保守了一个数百年的秘密，使他们的杰作免于被破坏，这显示了神圣的结构承受中国各省地震所产生的巨大力量的能力。这么大的建筑和厚重的木梁屋顶，怎么能承受这些冲击呢？是通过用铁楔或木钉和胶水加固的吗？也许装饰青铜板可以增加横梁的强度？

仔细的观察揭示了建筑师们的秘密，沉重的横梁没有锁定到位，但它们利用榫卯、复杂的斗拱帮助支撑横梁。虽然没有紧固件或胶水锁定，但在发生地震时它们可以在接头的额外空间内自由移动。因此，灵活性允许寺庙的框架，也就是它的骨架，在地震的影响下移动，使建筑物在运动中具有更大的稳定性。这个建筑秘密对于习武者来说至关重要。

当一个习武者尽量保持坚定，抵抗任何外力时，由于对抗所产生的巨大压力、极有可能受伤。即使在单人练习中、身体不协调也会造成很大的压力。除了身体上的压力外、搏斗技巧的实际运用也受到阻碍、变得不那么有效或者根本无效。运用寺庙建筑的秘密、我们可以改善我们的武术姿势和过渡动作。

第一个要检查的身体系统是骨骼系统、需要确定移动每个关节的最佳方式、以及运动开始时受到阻碍的程度。一个常见的错误是手臂和腿过度伸展、就像在出拳和踢腿时一样、这很容易损伤膝盖和肘关节。请记住、打击的目标不是在运动的终点、也不是在最远的延伸点。

为了让骨骼系统像造物主设计的那样运动、我们应该多加注意肌肉系统。肌肉紧张会推动和拉动骨骼和关节、因此很容易迫使骨骼偏离其自然排列、肌肉会撕裂、肌腱断裂、椎骨滑脱、神经受到挤压、甚至内脏和五官也会受到有害影响。

对于武术家来说、身体是上天设计的一座神庙、在保持其整体对齐的情况下可以有效且高效地移动。每当滥用动力学规律时、例如在较低级别的武术中、身体将无法发挥最佳功能、并且可能会受伤。更高层次的武术是按照人体的自然结构开发的、格斗技巧可以做到极致、而且不会对自己造成伤害、就像神殿能够不受台风和地震的破坏力影响一样。掌握这一原理的程度反映了一个人遵循道的规律行事的能力。

保持和改善健康

天阳与地阴二气交相辉映、流淌在天地之间的"龙脉"之中。空气和水以类似的方式循环。然而、当它们受阻时、它们会产生难闻的气味并形成容易滋生疾病的区域。在人的层面上、当身体的能量受阻时、疾病就会出现。当身体的能量在整个系统中畅通无阻时、它就会滋养器官并保持身体健康。定期进行适当的武术练习可以使身体的能量保持运动、滋养各个部位的健康。

我们的大部分日常活动都涉及习惯性进行的身体运动、并且只作用于特定的身体部位。在某些情况下、与某些工作相关的重复是有害的、比如影响特定的肌肉群和关节。当一个人专注于搏斗技术的一个方面时、比如踢腿、也可能是有害的。因此、全身性的全面的武术练习才对身体有益。这里最重要的不仅是我们练习什么、而是我们如何练习、运动方案应平衡、安全、并符合人体动力学原理。许多人只是为了成名、就不可恢复地毁了自己的身体。

许多伟大的大师都利用导引术来提振精神。这些练习的要点是慢慢运动到一种姿势、这种姿势将肌肉伸展到舒适极限并放松每个关节和肌腱。这些都是很好的补充练习、因为在没有达到如此极限的情况下、而且是在任何速度下都不会达到这些极限的时候、格斗技术更安全。如果是用类似习武动作来拉伸、就应该用非常放松的方式慢慢练习。

武术动作是我们练习的核心。新学员应该以相当慢的速度开始几个月、然后随着身体在一个统一的动作流程中越来越好地运动而逐渐提高练习速度。这些技术种类繁多、可以锻炼每块肌肉、韧带和关节。当头脑专注于每一个动作时、心脏就会与动作协调一致地跳动、肺也随着每次运动工作。所有这些内部运作都有助于平静神经系统和精神状态、元气也有反应、不受肌肉停顿和精神躁动的阻碍、能量流向器官、促进整个骨架的力量。

这里要注意的是、即使是名师有时也会推荐对从业者有害的方法、他们的教学风格可能令人印象深刻、更适合年轻的从业者、但随着年龄的增长、这些做法可能会造成骨折。更令人印象深刻的是、百岁老人练习时还能像十几岁时一样活动、只有在一生聪明地修行、小心不伤害身体、同时不断滋养身体的情况下、他们才能做到这一点。通过适当的练习、对身体会有巨大的好处并将持续到晚年、例如平衡良好、消化良好、头脑清晰和呼吸顺畅。多年以来、通过武术练习获得卓越健康和长寿的秘诀。良好、安全的做法合乎逻辑、并符合医学知识和自然规律。

有机模式

伟大的新儒家学者朱熹（1130-1200）写了道的内部运行。他说、我们通过生命元气以及称为理的普遍秩序看到它的表现。研究这一近期的概念、为武术风格的外在形式和表明个人对表演的掌握程度提供了深刻的见解。

"理"字的由来包括"玉"、"田"、"地"三个汉字。有"切玉、划（田界）"之意。因此、理的象征意义暗示了可能的模式、如玉件的横截面所示、或以边界为标志的领域顺序。我们在木纹、流动的水、地形的轮廓、树叶的图案、升腾的烟雾或流动的云彩中发现了这样的有机图案。元气和理共同创造了自然和万物的固有模式。

我们能在武术中找到一种模式或秩序吗？是否有指导原则或组织规则暗示我们应该如何发展我们的技术？首先、很明显我们拥有一个由造物主设计并按照其内在规律运行的身体结构。身体结构为我们提供了多种方式、使我们能把身体组成的部位编排成武术技巧。这里的困难在于我们目前是不是能最有效率地做到这一点、如果我们的概念有问题、我们的技术也会有问题。我们怎么知道我们的技术符合自然模式？当我们意识到错误时、它告诉我们要适应并尝试另一种方法。我们不能停滞不前、我们继续前进、探索、学习和纠正。

潜入湍急的河流、逆流而上、继续游但逐渐改变方向、从0度到45度、到90度、到135度、然后到180度、最后直接顺流游泳。在每种情况下、你都会游泳、但难度会发生变化。大多数武术练习者、包括老师在内、实际上在完成他们的技术时都会在某种程度上与自己打交道：骨骼和关节的对齐可能会稍微偏离、他们的打击角度可能不是最佳、或者一次推动可能没有指向正确的目标。可以发现许多这样的问题、所有这些问题都或多或少偏离了理想的技术要求。

离理想最远的技术是最难执行的、或者根本不可能取得任何成功、比如完全筋疲力尽而又正在逆流而上。符合理（理想的运动模式）的技术最容易执行并取得完全成功。理不能仅仅在身体的运动中看到和体验到、它还和运用技术的时机有关、不能太晚也不能太早。武术动作中表现出的不同技能水平在很大程度上取决于每个人有限的意识和能力。

今天、我们可以在中国各地看到无数的武术体系、有近战或远战、硬或软的方法、贴近或远离的姿势、摔跤与站立、倾斜或直立……这一名单还有很长。今天我们看到的结果是大师们尝试开发的系统、它们与自然模式和动力学规律有多接近？他们的武功高低、体现了武技中的理。

器械与徒手练习

徒手练习非常普遍、因为几乎可以在任何时间和任何地点完成任何套路或技术。然而、对于军事、安全保卫和执法、器械的使用占多数、根据不同的目的和职责、最熟悉的器械有枪、刀和棍、还有武器中的君子——剑。由于此类器械的尺寸和致命能力、使用它们来练习常常仅限于特殊的训练区域、例如在军事学院。我们可以简单看一下器械与徒手练习之间的紧密联系和相似之处。

根据我的经验、大多数老师更喜欢徒手练习武术。搏斗理论随着基本功得以开发、随着时间推移、学生应该获得良好的整体身体协调能力和扎实的搏斗技能。有了这种徒手训练的背景、就可以轻松过渡到使用任何具有相当能力的器械、熟悉了防御和攻击器械后、你开始感觉器械就像是自己身体的延伸。

许多徒手技术直接转化为器械技术、而有些没有。器械的大小、形状和重量向学生透露了他们自己的秘密、一种弯曲的武器、例如大刀、教人如何在跟随腰部转动的同时进行水平砍劈、在转弯时保持刀片对敌人身体的压力；剑术教我们如何在毫不费力地撤退时完成微妙的劈斩、就像将剑刃拉到对手的手腕下一样；枪教人们将自己的能量通过轴延伸到目标；棍有自己的传授阴阳价值的方式、利用它的两端执行攻守任务。

如果练习者在徒手武术方面有很好的技能、他们会根据器械的额外长度和由此产生的战斗距离进行调整。正如我们可以在手臂接触时感觉到对手的动作一样、我们也可以通过接触对手的武器来感受并了解他的意图、我们可以在实施进攻之前知道他将要如何完成动作。对手门户的开和闭、我们都可以察觉到。当然、只有在徒手技法上有很高的水平、才能在器械的使用上体现出来。

新的兵勇在应征入伍时、往往没有任何武术经验。他们被分配到特定的单位、并获得所需特定数量的武器、他们的培训通常是短期的。不出所料、他们只学习基本技术、技能水平较低。

对于认真的习武者来说、徒手和器械技术的经验可以让你深入了解武术系统的丰富性。这些知识不可能传达给那些没有将时间和精力投入到相关实际操练中的人。那些有经验的人会看到枪的旋转推力是如何运行的、就像抓住对手的手腕和肘部、然后把前臂扭转到无情的断裂的角度一样。腰部出拳的能量从腿部传递到肩部的方式、和把剑放在身侧是一样的、这些理解使学习变得越来越容易。那些有时间和才能的人可以熟练使用一系列器械。

老师的影响

我们已经看到孩子们如何从父母那里继承他们的身体特征。他们继承了更多东西、包括当地方言、对某些食物的偏好、甚至是举止和思维方式。传统武术教学要求师生关系密切、其影响可以持续一生。

任何想要学习武术的人、都可能受到住在附近的高手的数量的限制、另一个障碍则是与可能的老师接触时的手续、老师是亲戚还是家里的老熟人？如果接受、新学生可能会成为数十年的弟子。根据大师的背景、课程可能仅限于一个流派的特定分支、或一个完整的体系。徒手练习可能侧重于一定的方面、例如打击、拳击、摔跤、锁定或踢腿。很少会有大师在这些方面都很全面、器械也一样、有的老师可能只教剑、而有的老师可能会使用包括体系的一部分的十多种器械。

在所教授的体系中、除了学生多年来通过观察学到的知识之外、教师还传授给每个学生独特的运动方式。我们需要记住、教师拥有不同水平的技能和能力、这意味着学生将继承和反映老师的风格、包括任何缺点。当一个不怎么知名的人表演武术套路时、其他人可以立即推断出谁是他的老师、他们继承了的风格、就像儿子继承了父亲的容貌一样。

久而久之、动作就变成了习惯。随着岁月的流逝、一位前辈可能会想出更好的方法来完成一项技术、或者他可能会向其他老师学习。但是习惯很难改变、这就是为什么与最好的老师一起学习非常重要的原因。很多时候、坏习惯会一直存在、再多的时间或练习也不会改善。

就我而言、我来自一个小镇、我原来的老师是一个很好的人、他把我当自己的儿子、尽其所能地教我。随着我的进步、他后来把我介绍给了另一位老师、允许我接受并向一位新的大师学习。由于我是一名画家、我去了一些主要的城市、有机会向那些认识我第一位老师的人一起学习。我今天的练习方式反映了我遇到的所有老师、当然有些老师比其他老师对我影响更大。就像一个人可能具有和不同亲属相似的身体特征一样、你可以注意到我的武术中的不同特征。

每当我们意识到存在的错误并需要修正时、我们就应该完善我们的武术。通常、完善很困难、需要大量的时间和练习。武术学习已经证明、另一个方面可能更难以认识到并改变、包括一些例子、比如我们的老师可能认为应该从稳固的基础上完成一次出击、脚趾着地、双腿绷紧、像建筑物的石头地基。从一个角度来看、这个理论是有道理的、并且经常被经验不足的人使用。当人们发现一种更好的方法来完成这项技术时、它可能就会被丢在一边。我们不断尝试完善武术的理论和实践、最大的希望是学生最终会超越老师。

现在、作为一个有幸梳着满头灰白头发的老师、我还能回想起在大师手下修炼的日子。直到后来的生活中、我才意识到我没有对他们的时间、教导和友谊表达我毫无保留的感激。我年轻、目光短浅、太以自我为中心了。我在帮助晚年的老师这方面做得还不够、我本可以为他们跑腿或做些家务、我应该坐在他们的脚下陪伴他们并询问他们年轻时的点滴过往。

直到几十年后我才意识到我没有完全表达我的感激之情、这个错误有多么巨大、但我相信他们知道我唯一的错就是年轻。我没有意识到我们在一起的每一天都会传达给我多么有意义的想法和感受、这些想法和感受会一直扎根于我的内心深处、直到我在尘世的最后几天。这种情况很像父母和后代之间的关系。

我们经常发现、如果我们能更多地意识到老师和父母对我们生活的重要性、我应该早点去完成和说出那些我们本该早一点做完和说出来的东西。他们给我们的东西来自他们的生活、尽管他们有自己的缺点和多年的挣扎和艰辛。他们愿意和我们共度时光对我们是一种无私的礼物、让我们能够吸收他们从几十年的历练中获得的智慧和技能。

老子、佛祖、孔子的《三圣吸酸图》。

喝了一口醋后、他们的表情反映出他们在世俗世界中的生活理念。

作者：Kano Isen'in，作于约1802-1816年，檀香山艺术博物馆（Honolulu Museum of Art）。公共领域、来自Wikimedia Commons。

学习的连续性

最著名的武术体系建立在几个世纪的反复试验之上、体现在当代大师们的知识和格斗技巧中。丰富的武术体系包括长拳、太极拳、螳螂拳和其他北方流派、以及南方五个流派、尤其是那些出自高山的八大宗派。而那些以大城市为中心的流派都有广泛的课程。

每当命运将一个有抱负的人带到一个伟大的武术体系的门口时、新成员总会对他在未来几年甚至几十年将学到的东西有先入为主的想法。或许他想学习武术、是为了实现一个幻想、像小说《水浒传》中的人物那样过上侠义的生活？弟子期望甚高、希望成为一名无敌战士、能够飞越敌人的头顶、以炫目的剑技击败他们。当然、开始学习的原因有很多。

随着时间的推移、新学员意识到高级学员对武术有更深的认识。其他更有经验的人有更广阔的视野。就像一个初到北京的乡下人、被人海、建筑和文化瑰宝所淹没、自己一个人、肯定会迷失在这奇妙的天国之城中。为了得到体面的介绍、他需要一个熟悉城市和主要景点的导游。然而、即使是导游也可能不知道胡同街区的门道和小巷、只有长期居住的人才能知道每栋建筑的历史以及居住在其中的人、有些人甚至知道在那里游荡的鬼魂。

初学的学生就像进入辉煌京城的乡巴佬、导游是伸出援手的有经验的学生、大师则知道整个城市和它的每一块砖。

加入武术世家的学生站在一条线上、这条线从他们站立的地方延伸到更高级的学生、再到特级大师。沿着这条线、经验丰富的学生可以清楚地了解新手在开始练习时的想法和感受。当新生举手提问时、高年级的学生已经知道他们要问什么了、而同时、初级学生对高级学生在学习中的经历只有非常模糊的认识、向后看总是容易、往前看就难了。即使是在紫禁城生活了一辈子的人、也不知道这九千九百九十九间房间的奥秘。

从时间走向永恒

一些住在山寺里的道士和佛教徒根据八卦制定了一种特别的方法来发展他们的竞技艺术。八卦源自太极、阴阳和五行、为武术家提供了许多秘密、来自八卦的一个比较晦涩的教义为修炼者提供了一种进入不存在的时间状态的方法。

我们感谢我们的第一位人文始祖伏羲、他在近四千年前在思考变化时设计了八卦。他用断线（阴）和实线（阳）组成卦：☰ ☱ ☲ ☳ ☴ ☵ ☶ ☷。这些符号有很多内涵、其中之一就是运动形式。有些来自山间的隐士、以八卦对应的八点为标志、以格斗的姿势在地面上绕着一个假想的圆圈运动。跟随圆圈并在这个方向上运动可以让练习者学习在对手周围移动的步法、同时使用自己出色的格斗技巧。

一种步行练习涉及两名练习者、他们将自己定位在圆圈的两侧并开始行走。在以相同的速度移动时、他们将视线集中在彼此的胸部。在行进中，他们还将手握在圆圈的中心，一只手略低于眼睛水平，另一只手在腹部水平。他们最初以缓慢的速度行走，然后逐渐加快速度以至于完全奔跑起来，看起来就像是一场布满尘土的龙卷风！

  当我拜访友好的隐居僧侣时，他们邀请我试练这种技法。随着节奏的增加，它变得令人不安，但随着我们继续，我似乎越来越快地穿梭。我们周围的一切都变成了一片模糊的色彩：大地如云、四周荡漾着大自然的色彩。在这个漩涡中，我发现自己完全静止地面对着对方。我的朋友慢慢伸出一只手去碰我前面的手、用这么快的速度绕着圆圈快走，怎么可能会有这种缓慢的动作？这是吸过英国人从印度进口的新的鸦片毒品所导致的精神状态吗？

  我花了几天时间才真正意识到我那天的课程的价值：当我们与对手和谐相处时，我们之间的时间会变慢，即使我们周围都处于混乱之中，这似乎让我有足够的时间来应对任何攻击。旋风的中心是宁静的，然而，如果我在另一个人运动的时候表现僵硬，那么时间就会回归，然后他的运动就会像闪电一样到来。自那天在山上转圈后，我总是在任何两人练习中协调我的动作和对手的动作，当然，你不需要通过绕圈子来这么做，在任何方向上和你的对手融为一体，这需要更多的练习来学习如何在他可能向各种不可预测的方向移动时坚持下去，也需要全身放松和敏锐的感知。

透露秘密的信号

  乌云、天空中出现的一些闪电、一阵激荡的微风、所有这些都是风暴聚集的迹象。我们学习如何读懂这些信号并为它们的到来做好准备，了解这些警示信息对我们很重要，以免我们被闪电劈成两半。格斗术也是一样，我们学会读懂警告信号并为任何进攻做好准备。

  对手的起始移动可以指示他将要前往的方向。如果一个人熟悉各种技巧，这个动作也预示着哪些技巧可以通过改变姿势来完成。当然，这意味着要了解对手的整体身体位置、例如手的位置。了解身体姿势和运动方向可以告诉我们可能的进攻方法、我们来讨论一些更明显的信号。

　　有些高手认为、正面对抗时最好不要使用任何搏斗站姿。姿势通常表明你所学习的流派、如果对手熟悉了流派、他就会知道防御和攻击的方法。与其向前举手、比如螳螂的姿势、他可以简单地让手通过舒适的站姿向下放松、隐藏在长长的衣袖里。因此、作为防御、尽量不表现出任何可能的搏斗的痕迹常常是有用的。我们隐藏我们的搏斗能力、同时观察任何进攻者动作的可能性。

　　对手想要快速前进的方向会在他的脚下表现出来、向前移动、脚后跟开始从地面抬起；向后移动、前脚趾开始向上；如果左脚在前面、左转45度可以让后腿向前踢；如果左前脚向右转近180度、则预示着后踢或反手出击。脚的位置预示着线性或圆形攻击的可能。关于前踢、注意膝盖的方向、因为它指向脚将跟随的位置。

　　手的位置无疑是预测对手如何进攻的关键指标。高举的手通常向下移动、反之亦然、位于左侧或右侧的手也是如此。任何完全伸展的手臂最终都会向中心移动、但是在肩部运动中可以观察到一个容易感受到的手臂运动信号。例如、我们可以想象一个对手左侧向前站立、如果他的左肩开始向后转、我们知道右肩会向前转、这预示着他会用右手或肘部进攻。身体一侧的移动给出了可以从身体另一侧完成哪些可能技术的明显信号。所以、我们仍然是任何肩膀运动的敏锐观察者、因为它们表明双臂在做什么。

　　比肩的转动更微妙的是腰的转动、腰部的轻微转动可能会引起手臂和腿部的运动。随着臀部的移动、骨骼系统的对齐方式会发生变化、从而允许使用某些技术并避免使用其他技术。

　　尽管手、肩、腰或脚暗示了这些明显的迹象、但读懂或预测实际遵循的技巧并不容易。攻击者也会有虚假的开始并使用佯攻、我们必须意识到这一点、并了解我们自己正确解读这些信号的能力。这就像学习一门外语、初学者会犯很多错误、随着时间和练习、一个人会进步。对于技艺高超的武术家来说、读懂信号成为本能、让大师在攻击到来前先发制人。

灵感

"灵感"传达了多层的含义。"灵"可以表明想起我们久远的精神或有价值的东西可以让人充满灵感。"感"表示当内心被激发时、它会促使人们坚定地采取行动、说出、争取或表达情感。有时我们会在短时间内对练习失去兴趣、甚至想完全停止练习。我们如何才能让灵感回归?

当我回想我从前的老师们分享他们的时间和特殊的格斗知识时、肯定会激励我学习武术。希望我们都有一位启发我们的老师、或者懂得这样做的大师、他们的行动方式、知识的深度和令人尊敬的性格应该促使我们定期练习。朋友和同学可以通过鼓励的话语和分享武术友情的乐趣来帮助我们。

回顾我们迄今为止在修炼中取得的成就也很有帮助。在实践中投入的时间和精力体现在技术技能的提高上、明显的进步则体现在成绩上、也体现在改善的健康和获得的幸福上。通过学习实用的自卫体系、培养了我们对运动美学的欣赏能力、我们也在创造一种生动感人的艺术的过程中找到了乐趣。

幽静的寺院、云雾缭绕的道场、宁静的湖畔等特殊的修行场所、都会产生美好的回忆。清晨、当一天中上升的能量激发出学习的氛围时、就特别有利于有益身心的练习。我们想在这样的地方练习、我们期待着未来。

即使大师和同道不在身边激励我们、我们也可以通过阅读大师的著作来激发我们的修行欲望。一些优秀的小说作品也可以有这样的效果、写作的内容不一定仅限于武术、往往简短的哲理或一句引用的话就可以激发灵感的火焰。

我们从过去和现在的大师以及精通搏斗术来自卫和保护受威胁的亲人的愿望里找到了练习武术的意义。我们通过与志同道合的人共同修炼来改善或保持健康。一个需要注意的地方是不要过度练习、这可能会使我们筋疲力尽、以至于难以继续。

每当你缺乏保持有规律地练习的意愿时、上面的想法应该会鼓励你回归正道。使我们的修炼有意义的原因有很多、也许最强大的动力来自于对我们目标的清晰视野以及我们投入练习的时间和精力所带来的预期回报。

自发的自然

在《道德经》中，老子使用了复合词"自然"。它意味着"自发的自然"。多么美妙的概念！也是一个恰如其分的道教理念。自然提炼了尝试或使事物自在的通用模式，自然不能臆造。我们需要让自己自然运动、没有任何做作而是纯粹自发地运动。对于习武者来说，千万不要假装自己是在自然而然地运动。

对于自然有一个经常用到的比喻，即一块未经雕刻的木头。在原始、纯净的状态下，木材具有它固有的品质。它是一块简单的木头，没有被碰过，它就是木头，如果经过雕刻，它可以成为一把勺子或其他工具。对于搏击，这个比喻暗示我们通常如何完成动作和技巧，而不是让它们自然流动。这似乎是一种常见的学习过程，大师展示一个动作，学生们模仿它，学生试图随着老师的移动而移动。学生摆出自己的身体姿势和动作，思考、记忆并试图模仿老师的形式，在完全模仿老师之后，学生希望达到另一个学习阶段。

在模仿老师的动作之后，也许经过几年的练习，学生就不再需要考虑每个动作的许多细节了。思维干扰运动，就像凿子凿木头一样，通过任何妨碍自然运动的不必要的精神活动，武术家经常会思考、计划、隐瞒并试图欺骗对手。思考需要时间，而在格斗中，时间是关键，因此自发性至关重要。在武术方面，书法也类似，高手寻求自然，也就是自发的自然。这个概念与无为的概念很好地结合在一起，不违背道，不违背自然。

自发的最大好处是速度。当对手进攻时，防守者会立即移动甚至可能先发制人。自然的最大优点是身体可以以毫无偏差的最佳方式移动。如果你能同时以自发性和自然性的方式运动，你将代表格斗运动的最高水平。要达到这个水平，需要具有经过多年的训练培养出的天生能力。观察一位武术大师或书法家以这种方式表演，是见证自然理论付诸实践的奇迹、恩赐和难得的佐证。

帮助你的对手

"格斗"、"搏斗"、"斗争"和"敌对行动"这些词让人联想到激烈、暴力的对抗。当两股强大的力量冲突时，就会造成伤害、通常更强大的人或团体会取得胜利。由于这些事经常发生，个人、强盗、警察和伟大的帝国军队都在努力打造自己的能力。他们锻炼、训练和制造新的器械，以建立一支强势的力量。但还有另一种方式——不战而胜。老子说：

> 弱之胜强，
> 柔之胜刚。
> 天下莫不知，
> 莫能行。

用力量抗拒还是用柔软屈服？硬木因其强度而受到称赞，但当一棵坚硬的树木在冬天被厚重的冰雪覆盖时，它的树枝会断裂并掉到地上。相比之下，空心的竹子在压力下会弯曲，有时会一直弯到地面，但不会折断，随着冰雪慢慢融化，竹子会弹回到直立的位置。作为正直的道德和抵抗力的象征，竹子非常坚固，但非常灵活，它通常用于高空脚手架的搭建以及建筑物中。从竹子的品质也可以洞察武术。

与其抗拒推动，不如顺其自然。与其从拉力中退缩，不如顺其自然。与进攻者一起移动，不会产生任何紧张。进攻者自身的力量会使他失去平衡并使他处于尴尬的位置。试着屈服，许多优势会变得显而易见。如果攻击者试图用双手推你，伸手与他的手接触，并拉动以帮助他继续前进。当你后退时，他会摔倒，或者你可以用膝盖抵住腹腔神经来迎合他向前的运动。让他拉动你的手腕，朝拉动的方向移动，然后用肩膀推开他，他会感到意外！

发展这种毫不费力的能力需要很长时间，没有多少人采用这种方法，在这样做的人中，很少有人能够将这些原则付诸实践。这是违反直觉的，但是，一旦你感受到了"帮助对手"的实用性，这些技能就成为了上乘的格斗方法。

水的道路

武术是运动，水是另一个对理解运动特别有帮助的道家比喻。老子在《道德经》中写道："上善若水，水善利万物而不争"。因为水是流动的、柔弱的和柔顺的，所以即使遇到其他物体、它也能保持它的品质。它克服了坚硬、就像它的流动磨损岩石一样。我们看到许多武术风格都有像水一样流动的技巧。

一块巨石从山坡上落入河中、水在它的周围流动。一个强大的对手可能像人类的巨石一样站在我们面前、直面他就是自杀、所以我们围着他转、他可能会向前出击、所以我们向左一步、左手挡住他向前的出击、同时像漩涡一样旋转、用右肘击向他的后脑勺。许多技术都围绕着任何直接的对抗、通常是向左或向右移动、这可以从两侧防守、也可以是对手后方、甚至有些技术完全以360度围绕对手、其他技术向侧面或向后移动、然后移动到反方向。

水在物体周围流动、有时也在物体下方。因为它在寻找低的位置、所以它是谦虚的隐喻。当对手从高位攻击时、我会使用一些低位移动技术。随着阳气向前冲、防守者利用流动的阴气移动到较低的空间、通常是打击进攻者的下半身或移动到低于他的位置完成进攻。

考虑水的液体性质并想象它是如何运动的、这为我们提供了许多可以用于搏斗技巧的例子。我们可以很容易地看到大的运动、例如迎面而来的向左和向右的移动、这就像看到河流在突出的石板上流动。但水也是波浪式运动的、曲折、旋转和穿透、它在大大小小的水流中移动。一个人的身体部位可以模仿水的运动、即使是非常小的调动、我们会在躲避对方的抓握或锁定的意图时看到手或手臂是不是足够柔韧并能够恰当地移动。

每当被推、压或撞击时、水只会屈服、周旋和包围。水的屈服性质不但对防御很实用、而且对于进攻也有同等意义。它具有潮汐波动的能量、可以直接通过翻卷进入对手空间或从侧面转而趋近对方、可以用重量施压、或通过撤出一个空间来使对方失去平衡。像水一样的防御、不能被击中也不会被抓住。对于攻击、可以通过完成一系列技术来淹没对手。

看到目标

受邀参加一场精致的宴会、我们看到餐桌上摆放着精美的食物、多么丰盛的宴会！尽管形状、质地和颜色多种多样、但你的眼睛只会被熟悉的美食所吸引。你吃四川的麻辣面条、用筷子把长面条切成两段、然后把花生挑到嘴里、品味红辣椒和油的味道、然后用筷子插入一条西湖醋鱼、展开筷子、把它劈成正好一口大小的小块、从一个小碗里夹一些白米饭来清新味觉、然后夹起一个蘸着芝麻油的北方饺子。要了解食物展示与武术之间的相关性、我们可能需要几杯高粱烧酒。

　　你会记得上一段中使用的筷子技巧：切、挑、插、劈和夹。这些技法类似于搏斗术中使用的技法、例如击、夺、切、劈、扫……他们之间不仅限于这些联系。多年的日常饮食给了我们经验、因此我们现在能很快就注意到选择什么食物、以及我们将用什么合适的方法来享用。鉴于我们对餐具和食物的种类非常熟悉、我们可以根据需要使用许多技术、平稳地移动。

　　一位经验丰富的厨师可以与武术大师相提并论。他们都看到了摆在他们面前的事情、并自然而然地采取行动以实现他们的目标。武术家不仅看到对手、他也看到了他的长处和短处。为什么在成功机会渺茫的情况下攻击对手的一个长处？即使没有做有意识的分析、我们也可能会注意到某些目标在等待进攻：挺直的腿或手臂会引来关节断裂、不平衡而快速的后退便于推动、对齐不好的出拳很容易被抵消、高位出击留出了低位的空档、一个勉强的踢腿容易被拽住。不管对手的姿势如何、都会有弱点明显暴露、即使是最有力的姿势也可以用一根位置恰当的手指掀翻。

　　能看到对手的短处和长处是一种特殊的本领。为了利用这种意识、还必须考虑到时机和不断变化的招式。对于那些缺乏经验和技能的人来说、成功的可能性很低、他们的视野被有限的武术知识所蒙蔽、并且不够敏锐、无法准确评估对自己有利的格斗形势。大师却似乎可以用技巧凭直觉来判断将要进攻的目标、同时完成起来似乎毫不费力。这让我想起了我还是个孩子的时候、看着我的第一位武术大师如此准确地从碗里夹出小花生、他的轻松表现让我使用筷子的技能相形见绌、要么掉了花生要么把它们从旁边弹到了空中。

肘的错误动作

我喜欢俗语"胳膊肘向外拐"、这句话的意思是一个偏爱别人而不是站在自己这边的人。武术家族出于家族关系、非常亲密的友谊和信任、是一个致力于保守格斗的传统秘诀的紧密团体、为武术中最重要的知识保守秘密、不传给任何外人。这些高级教义从来没有公开展示过、一些神秘的著作被保存在家庭中。如果让外人知道、就会导致痛苦和苦难、因为这些知识可能会被肆无忌惮地用来对付家人或其他人。

当然、不太恰当的俗语"胳膊肘向外拐"指出了一个明显的事实、那就是手臂超出其自然伸展范围会使关节感觉到疼痛。一个武术行家会小心、永远不会把手臂伸到最长。如果伸展或击打、他接着会立即收回、同样的预防措施也适用于踢腿。我的老师会建议手臂或腿的收回速度是出击速度的两倍、这也许不可能做到、但忠告只强调保护关节的重要性。

当手臂运动时、如果肌肉张力过大、而且只有手臂在运动的时候、就会出现许多问题。肘部失去弯曲的功能、很容易因快速运动、应用搏斗技巧或受到进攻而受伤。这里的"弯曲"一词包含两个用于描述丝绸的汉字、提供了一个很好的模仿形象。让肘部放松可以让它们自然弯曲、扭转和扣紧、灵活的肘部很难固定在臂锁中。

在武术练习中放松手臂的一种方法是让它们随着腰部移动。腰部向任何方向转动、肩膀随着腰部转动、手臂也随之转动、这在防御运动中最常见到、类似于一个人从左侧伸入一袋谷子并向右摆动手臂将谷子抛出去。这种运动很常见、因为我们用多种方式来利用它、例如阻挡、击打或出拳。这里非常重要的是、这个动作不能仅仅用前臂来完成、用腿的力量完成、由腰部指挥、手臂应该足够放松、肘部可以随着前臂和手自由向外移动。相同的原理适用于相反的方向、让肘部与前臂一起向左或向右移动、注意肘部不要因僵直而停在身体内侧。

可以依靠墙面完成一项对保持肘部灵活很有帮助的运动。左脚向前成弓步、伸展左臂、将臂的背部轻轻靠在墙上、不要完全伸展手臂、慢慢移向墙壁、让肘部随着重力向下移动、你会看到并感觉到手臂松弛、就像手臂是一根绳子或一段丝绸一样。以同样的方式收回、保持手背轻轻靠在墙上、这样做十次左右来放松并感受正在发生的事情。

这个练习的一个变化是多一个转弯。与其简单地向墙壁移动、不如移动并向左转动腰部、这会让你面对墙壁、手掌会自然转动、但一定要保持手的位置不变、你应该舒适地完成这个动作、双肩与墙壁的距离相等。当非常放松时、左肘跟随腰肩向左运动、这将使你的手翻转、手心朝下。当你向前时、右肩靠近左手、左手和右肩向右指向同一方向、有人说这就像怀中抱月、左臂搁在球上。当对手抓住你的手腕时、这一招很实用、当身体的其余部分移动时、它仍然停在原处。

以上练习在实战中有很多实际用途。比如你右手出击、对方抓住你的手腕、你就可以快速向对方移动、用左手出击。在运动中、他不会感觉到你向前的运动、因为你的右臂没有张力。如果攻击者推动放松的手臂、你的身体不会受到影响、可以自由移动和反击。

另一个非常实用的应用是使用肘部进行阻挡或格挡。例如、右脚在前站立、右臂放松、伸向对手左肩的方向。看到你的正面的空档、他可能会进攻你的胸部。有些人将他们的右臂拉回面前以格挡、这有用、但它会造成不必要的紧张并减慢任何反击速度。不要用力、转移到后腿、同时向左转动腰部、如果右臂放松、转身将使前臂和肘部向左抵挡即将到来的进攻、你将安全地将他的拳头格挡到你的身体侧面。反击时、比如用白蛇吐信、很容易用右拳、而且你处于完美的位置来实施进攻。

在上述运动中、我们看到肘部和手臂不必被迫就位。它们随着腰部向左、向右、向上和向下移动。试试这个动作、你会发现手臂、肘部和手通过腰部的运动完成防守和进攻。作为示例、尝试白鹤亮翅、手臂不应自行移动、左手向下并稍微向左移动、随着下沉和转动、右手举起、稍稍向右转。用腰部指挥手臂、不要用手臂的力量推动、力量应该来自腿部。

技巧和距离

自黄帝时代以来、为了完成一定的工作、已经发明了几千种工具。在陆战和海战中、都使用了数量庞大的各式武器。我们有马拉的战车、大炮、弩、燃烧弹、链条、鞭子、绳镖、剑、矛、枪等等。有些器械虽然古老、但仍然实用、其他器械则反映了技术的进步和外来的影响。对于个人武术练习者来说、标准器械对个人自卫和锻炼都很实用。

有些流派练习时使用长棍、它的长度大约是普通的枪的两倍、这种棍比较重、抬起和舞动它需要全身运动、过去长棍可以用来从战车上敲落驾车者。枪仍然是一种有价值的武器、它让对手望而却步。至于近距离搏斗、我们有棍、多节棍和剑。在更近的距离内、短刀、钩和棒很实用。从炮弹到匕首、搏斗距离千差万别、广泛的选择范围和各种武器能满足这些搏斗对距离的要求。

对于徒手格斗、我们只有身体及身体上的武器。腿的力量最大、能够伸展到离身体最远的距离、如果对手出拳攻击、将首先使用防守性的踢腿。然而、踢腿很容易被阻挡、格开或安全地避开。另外、踢腿还留给对手反击的空档、如腹股沟。

如果距离更近一点、手就会成为进攻和防御的主要武器。一旦两个搏斗者之间的距离在攻击范围内、即使是渐进的推进也来得及使用膝盖和肘部。使用这些近距离武器的可能组合似乎是无限的。一阵忙乱的进攻可以通过离开、脱离进攻距离或贴得更近来化解。当两个人的身体最接近时、即使是手臂也难以使用。当身体部位受限于有限空间时、用头撞击是常用的。你可能会看到高水平的习武者使用其他技巧、比如用肩膀打击、转移重心和攻击受力点。

在靠近对手时远、中和近距离的技术都可以使用。例如、低踢之后可以拳击、肘击、最后是终结技巧、例如用臀部推开或摔打。当离开对手时、可以用相反顺序完成这些动作。比如用肩撞退对手、为肘击头部留出足够的空间、接着反手打击太阳穴并移开、最后再后蹬腿踢腹部。防御和进攻、身体的工具根据实际情况收缩自如、关键是要根据距离在正确的时间使用正确的工具。

心理和视觉错觉

当我们观看一位大师的表演时、我们看到的可能不是真实发生的。一只手臂环绕、一只脚转动、使用手的侧面直着向前推进、当扭转对手的手腕时、我的手腕也会弯曲、眼睛的注意力集中在完成动作的前手上。在所有这些情况下、我们应该确切知道我们正在做什么、为什么要这样做、以及是如何完成的。

我看到有人在练习海底针、一只手放在另一只手上、他将双手向下放在前面。这个动作通常用于向前和向下拉对手的手和身体、通常使用握腕、他告诉我他就是这么用的。

"好的、"我说、"和我一起练习一下、让我了解它是怎么用的。"

然而并没有效果。他的手部位置是完美的、但他的腿向上推、抬起了背部、这抵消了他向下的手臂运动、其结果是……我们手牵着手站在那里。

他为什么要在海底针中抬起背部？向他展示动作的人并没有向他演示动作的常规应用、而是考虑了变化、即对手没有站在前面。在这个变化中、该技术用在当对手从你背后攻击时、或者你转身背对着他以迎合他时。这是一项出色的摔打技巧、在抓住对手的手腕和手臂的同时下蹲、然后抬起背部并对准他的手臂向下。一次很平常的摔打、但练习者甚至不知道对手的位置、他没有认识到这项技术的功用。

另一个例子、一位练习者双脚分开与肩同宽站立、他的肩膀左转90度、同时重心转移到右腿、右手向左推、他说他在左侧推着一个假想的对手。这也没有用、这个技巧不是阳、而是阴、当有人想从正面推或打击你时、这个技巧很管用。当你转动身体并把重心转移到右腿时、你躲避了攻击、右手或前臂抵住攻击者的手臂、然后可以轻松实施反击。同样、那位练习者连进攻者的方向都不清楚。

许多视觉的错觉发生在最简单的动作中。我们可以用搂膝拗步为例、从前站姿开始、右脚在前、左臂在前、右臂向下在身侧。

(1) 我们可能会看到一位大师把重心转移到左腿上并将前脚右转。仔细观察我们会发现、前脚并没有自行移动、产生的变化完全来自于腰部转动。

(2) 我们还注意到左右臂的运动。仔细观察后发现、向右移动腰部会导致双臂移动。
(3) 然后大师左腿跨出、左手向下挡、右臂向后举。这些看起来像是三个独立的动作、但都是在腰部的力量下同时完成的。怎么做到的?右腿下蹲可以让左腿跨出、下蹲得越低、跨出的步幅就越大。下蹲开始时左手向下、这可能看起来违反直觉、但这也导致了右手的向上运动!通过保持右手静止来测试这一点、当身体下蹲到一个较低的位置时、即使右手一点都没有移动、看起来右手好像已经上升了。但是当放松手臂时、转动和下蹲就会使手臂产生动作。
(4) 这一系列的动作通过把大约 70% 的体重转移到左腿上并用右臂推动结束。再次的仔细观察表明、右手并没有自行推动、它利用腰部转动和腿部移动为推动提供了动能和力量。腰部的转动也引起了左手的最后动作和左脚趾向前的转动。

在观看他们老师的表演时、武术新手通常会注意到整个动作的个别部分、因此、他们通过移动身体的各个部分来练习技术。他们需要时间明白整个身体以同步的方式运动、可能需要几年时间、而且需要更多时间才能有效果。运动有许多可能的变化、一种技术可能有十个运用。如上所述、我们应该确切地知道正在做什么、为什么要这样做、以及它是如何完成的。

击拳背后的力量

直拳是武术的基本进攻技法、所有风格都用到它、尽管使用的质量和有效性因人而异。决定有效性的因素有很多、但也许最重要的因素是出拳手臂的紧张程度。拳头应该有多大的张力、每个手指都要弯曲以支撑结构?来自二头肌的张力应该多大?每个练习者根据他或她对力量来源的理解来表演。

我见过许多大师和各种风格的专家，对于如何发出基本的一拳，他们都有一些共同的观念，所有人都提到移动臀部和肩膀以及转移重心的重要性。他们强调从肘部到拳头的正确对齐使骨架结构移动的方向一致，以免造成出拳者的手部断裂或骨折。

我不经意间发现了一个比喻，可以帮助解释初步击拳动作的手臂对齐和力量来源。在拜访制造满族和中国弓箭的御林军的工匠们时，他们向我展示了这一点。为了帮助郎世宁作画，我陪他拜访了一些弓箭手，包括乾隆皇帝（1736-1796年在位）本人、胤礼亲王（1697-1738）和英雄骑射手玛瑞。弓箭制造商为画作提供了准确的信息和细节，包括一些军事和狩猎场景。关于射箭，弓的军用标准拉力从40到80斤不等，但一些专家能使用4尺长的箭并拉开近220斤的弓。

击拳的手臂和箭头有类似之处。弓箭尾端卡在手指握着的弓弦上，其余部分搭在另一只手握住的弓上。当拉弦时，复合材料制作的弓会产生巨大的力量，箭的巨大效力来自于放开弦的速度和弓弦产生的弹力。我们可以用另一个比喻来说明这个比喻，陈式第二套路，他们称之为炮拳，就像炮弹在炮管中，赋予它破坏力的是火药。

在这里，我们看到拳头可以在放松、自然的状态下放在臀部，就像箭头位于其上钩位置，箭已准备好从绷紧的弦上获得动力，就像炮弹停在枪管的膛内，准备从点燃的火药中获得动力一样。手臂靠身体的力量向前推动，尤其是后腿的力量，然后通过移动和转动臀部和肩膀来增加速度和力量，最常出拳的步法称为"弓步"。拳击的目标吸收了拳的力量，练习时一定要注意避免过度伸展，那样容易使肘关节受伤。通常要用张力为拳击制动，但出拳时并不需要它。拳头的指关节不会因为握紧而变得更硬，正确的对齐、使用力量来源和传导是唯一的要求。让箭和炮弹飞起来！让拳头飞起来！

搏斗和健康的原则

理论体现在实践中。许多习武者都在展现一种他们认为能让他们强大和有效的理论。为了在训练时加强力量，他们可能会在前臂套上铁环，可能会让指关节做几百个俯卧撑以至于磨出老茧、或者用指尖模仿鹰或老虎的爪子。他们也可能会在睾丸上绑上绳子把一块沉重的石头来回拖两三丈远来练出"铁蛋"、或者用手或用木锤敲打他们的宝贝。他们相信这样可以让他们为格斗和可能被踢到的睾丸做好准备。有些人则只是把睾丸从阴囊收回到腹股沟中来保护它们。

与上述方法相反、其他人在他们的健康和长寿的练习中采用了很不一样的理论。但他们有一个共同之处就是培养放松、练习运动是为了滋养身体系统、并且不造成任何短期或长期的伤害。

武术和养生中使用的各种方法常常很不相同、许多学校混合使用以阳为主的格斗训练和以阴为主的养生练习。有些学校确实宣称他们的格斗和养生同时用一种理论、但在大多数情况下、实际上会不一样。例如、他们可能会说在他们的武术和养生中放松、但实际上、与养生相比、他们在格斗中表现出很多紧张。

武术和养生应该遵循相同的原则、这样的想法可能非常合乎逻辑、但在实践中却极其困难。例如、放松的原则对养生至关重要、但需要花费大量的时间和精力才能实现。由于冲突的性质、放松在武术中更难保持。一些博斗风格强调放松、他们的基本训练方法包括缓慢运动以缓解肌肉紧张、让内心平静并感知运动中的任何缺陷。这里的例子是来自陈家沟的柔滑长河拳——太极拳、以及在一些寺庙中发现的或者由个别隐士练习的道家武术形式。我们必须记住、强调缓慢和放松练习的武术风格并不是最终目标、而是这些风格利用放缓节奏来快速移动、利用放松以最自然的方式实现最佳速度的移动。

用于养生的主要原则是放松、冷静和平衡、一般用缓慢、稳定的节奏练习。许多武术家的目标是在他们的练习中体现相同的原则。但是、在我们舒适地练习了格斗动作之后、我们应该提高速度。这是一个矛盾、我们如何在保持放松和冷静的同时加快速度？各种武术流派试图以各种方式回答这个问题、有些人培养了一种禅宗般的心态、在面临危险时保持冷静。事实上、身体放松与一个人的精神状态密切相关。

速度的增加也会影响平衡。在静止姿势和缓慢运动中保持平衡和在快速运动中保持平衡有很大不同、就像在无风的日子挂在杆子上的旗帜在有风的日子里会表现得不同、然而、旗帜本身的性质并没有改变。相关的动力学影响身体运动、就像风影响飘荡的旗帜一样。与慢速练习相比、快速运动可以更大程度地伸展四肢、扭转和弯曲脊柱、人体动力学不断适应与变化着的力之间的关系、例如和重力的关系。

在疾风暴雨般的博斗中、习武者需要快速和行云流水般地移动、这需要通过放松身体来完成。武术家为格斗运动的理想境界而努力、但很少有人能达到目标、大多数人仍在改善的道路上继续前进。

爆发式踢腿和打击

正面、背面、侧面、旋转……基础性的踢腿是武术不可或缺的技术、值得我们尽一切努力让它们变得强大而有效。初学者们面临着一个共同的学习阶段：用脚的哪个部位接触而不受伤？力量如何传达到脚部？身体的哪些部位可以用脚踢？还有最重要的是、如何在踢腿过程中自始至终保持平衡？

观察初学者准备虚步踢腿、即重心落于后腿、前腿的前脚掌着地、面前放一个训练袋。他们需要一段时间来发现正确的距离、以便踢中训练袋上的目标。当脚与袋接触时、反弹力会动摇踢腿者、有时足以让他失去平衡。用手击打也会发生同样的结果。

许多格斗风格结合使用了从身体同侧踢腿和劈掌的技术。例如、右脚向前的防守步法、让右手和右脚向中心内收、然后向上和向外同时打击。一般初学者通过把右臂拉向腰部、然后向上拉到胸部、然后直线向外推动来完成动作、这是完成用手打击的三个动作。更高水平的学生在一个圆圈中只用一个动作完成这项技术、但即使有了这种改进、由于反弹效应、仍然存在平衡问题。

一位大师就如何改进上述技术提出了建议。师傅观察学员练习踢腿、发现学员的后腿僵硬、几乎是笔直的。当右脚与他的身体成近90度撞击袋子时、所施加的力量只是将他向后推。一个人如果单腿直立、用一根手指就能轻松推倒！所以师父给出了这样的解决方法：准备踢出的右腿向内收时左腿向内向下蹲、然后在踢右腿的同时向上推举承重的左腿。身体先向下再向上移动、平衡的中心不会改变。这个运动类似于爆炸：能量从中心向四面八方辐射并保持其中心不变。踢腿随全身运动向外伸展、然后随全身运动收缩、落在重心的基础上。

这种踢腿的力量是巨大的、因为它来自地面、力量来自站定的腿和踢出的腿。在前面的方法中、踢腿是从身体向外移动90度、身体后面没有任何东西、所以不稳定。

劈掌的原理相同、但增加了额外的细节。当手臂向下、向上和向外划弧时、初学者通常会直接朝着目标做最后的动作、形成一条直线。击打应该有轻微的曲线、这样就可以对胸部以上或锁骨以下弧线经过的任何地方产生作用。如果我们将身体视为圆心、将脊柱视为平衡点、那么圆周运动就可以保持平衡。尤其是当另一只手向相反的方向运动时、可以感觉到这一点。当一个人起身双手向外爆发式打击时、可以感觉到从地面发出的力量。

每当练习这样的爆发性动作、即下蹲然后起身以保持稳定并增加打击的力量时、一定不要起身太高。你必须与地面保持接触、有些风格会下沉到地面、然后起身踢腿或击打。不要下蹲得太深、即使是轻微的下蹲和起身也会大大增强这些类型的踢腿和击打的力量。

个性和个人风格

在我们中央帝国的首都、收藏着精美绝伦的艺术品。我最熟悉的是那些装饰皇室典藏、宫殿、寺庙和官邸的书画。每件作品都独一无二、反映了创作者的技巧和构思。有些人确实很保守、而另一些人则相当特立独行、像袁江这样的艺术家受到了以往大师们的影响、我们也看到邹一桂、焦秉贞等艺术家在他们的作品中加入了西方的技巧和视角。当然、郎世宁的深远影响与巧妙的欧洲风格相呼应。我们在所有最好的画作中看到的只是每个艺术家的技能、知识和个性的反映。

武术是艺术、因此、武术也反映了每个艺术家的技能、知识和个性。格斗知识和技能是从大师们、甚至是相关的业余爱好者那里传承下来的。杰出的大师如凤毛麟角，他们的体系因有效性和博大精深的技巧脱颖而出。他们一般对收谁为徒非常苛刻，有机会学习这些高级体系的人相对较少，更多的学生师从普通的老师，这些老师住在周围方便的地方，并愿意接受他们作为学生。因此，风格的大杂烩代表了质量上的巨大差异。

一定的武术技能和知识从老师传给学生，这个过程影响了这些技能和知识的外在特点。另一个因素在很大程度上影响了风格，那就是个性。在少林寺，和尚们会根据个人的性格来决定适合学习哪种动物的风格，是蛇、猿、猴、虎、龙还是鹤。在北京、西安、南京、苏州、广东等大城市，学习的机会比小城市和乡村更多。个人会被适合个人个性的风格所吸引，有些风格侧重使用蛮力的技术，其学习者的个性就反映了这个特点。其他风格则通过物理和敏感性原理得以改善，学者和官员们更喜欢这些风格。其他更多的风格介于这两者之间。

虽然有些武术风格比其他的更有效，但它们都各有其用。当大师们努力提高他们的搏斗技能时，他们在所继承的艺术、知识、身体能力和个人性格的互相磨合中工作。就像人们被特定的绘画风格所吸引一样，对他们练习的格斗风格也有个人偏好。幸运的是，多样性为我们展示了丰富的中国武术传统。

单人套路和自卫

几个世纪以来，大师们创造并保存了武术套路。有些套路很短，由一些技巧组成，而另一些很长，可能有一百个或更多技巧。这些套路包括徒手和器械，用来帮助学生们记住构成体系的动作。套路不只是课程安排的一部分，实际上它们保留了武术体系的精髓。

许多人执着于完善套路，年复一年的重复肯定会训练学生掌握更好的身体力学，并改善平衡和力量，同时，日常练习也保持了身体的健康。也许追求指定套路的学生乐于向别人展示他们所学到的高级技能，他们很享受学习套路的应用和强壮的感觉。练习套路是体现上述目的的绝佳方式，当然，这些目的本身也很重要。但是单人套路与实用的博斗艺术之间有一条清晰的界限。

学习武术不一定要用于军事、但真正的武术一定能用于实际的格斗和自卫。练习套路可以帮助学生达到这个目标、但用于搏斗目的的课程学习还包括更多的阶段、单人套路还不足以面对现实中的对手。防守方和进攻方之间存在时间问题、如果不是在合适的时间实施、完成得再完美的技术都没有意义。无论多么优秀的技术、开始时离对手太近或太远就已经失败了、因为距离不正确。防守者必须知道如何以及何时移动、以对移动中的对手使用技术。箭射向静止的目标比射向运动的目标要容易得多、另外、对手可能会出人预料地变换方向。

在套路中练习既定的模式、并不能完全为任何暴力对抗时应用技术所需要的自发性做好准备。针对实际情况所教授的武术包括更多形式的练习、例如实际应用的对练。两人间的应用练习从慢开始、但经过数周和数月、速度会加快。随着学生技能的增长、他们开始练习对抗多个进攻者。训练包括器械、所有这些训练磨练了一个人在实际情况下有效使用技术的能力。在这个级别上、武术家表现出力量、速度和精确性、并具有自发即兴创造的能力。

师徒关系

在中国文化中、与父母的关系是孩子一生中最重要的关系。也许这种看法来源于儒家思想、或者只是出于自然倾向、也许两者都有。无论好坏、父母的影响在各个方面都非常重要。一个人的生命是来自父母的礼物、从出生到成年要经过多年养育。随着父母年龄的增长、角色会被对调、孩子会照顾父母。

传统武术的独特风格通过师徒关系得到保留、这让师徒关系在传承中具有至高无上的重要性。与家族传承一样、武术风格的价值在于继承并传递给下一代、虽然不一定是血缘关系、但成为正式弟子就是加入了一个武术世家、武术世家有以下关系：

> 师父：这种称呼方式在西方语言中常被翻译成"大师"、但也不止如此。这个复合词由两个汉字组成、"师"的意思是

老师,"父"的意思是父亲。师父,是一个体系的宗师、可以是男性、也可以是女性。这个称谓比"老师"更重要、"老师"指的是一位因年长而有经验和知识的师长。重要的武术世家的关系的其他常见术语包括:

师母: 大师-母亲(师父的妻子)
师伯: 师父的哥哥
师叔: 师父的弟弟
师丈: 大师-丈夫(女师父的丈夫)
徒弟: 学徒、弟子
大师兄: 最长的兄弟
师兄: 年长的兄弟
师弟: 小于自己的兄弟
师姐: 年长的姐妹
师妹: 小于自己的姐妹

一个大师可以有很多弟子、但只有一小部分会被"收养"到系统中、并被托付和传承下去。师父精心挑选这些弟子、参加名为"拜师"或"敬师"的精心设计的仪式、以正式确定其身份。在仪式上、他们宣誓效忠于师父、包括承诺除非得到允许、否则不向任何其他老师学习。他们像真正的儿子或女儿一样、尊重师父、尊重学校的声誉、他们承诺培养自己的品格和技艺、并保护传统和教义。

为了表示感谢、弟子跪在师父面前、鞠躬三下、每次前额着地(磕头)。之后、弟子可以和师父一起喝茶、赠送礼物、包括一个装着钱的红包、这是一种常见的做法、表明弟子重视师父和他或她的教导。弟子不是按年龄、而是根据他们被正式接收的时间按资历排列。仪式结束后、他们被称为"门徒"、他们接受学校的所有教义、伴随这一荣誉而来的不仅是知识、还有对学校未来及其教义的巨大责任。

满族军事

明朝末代皇帝崇祯(1611-1644)没能平息农民叛乱和满族军队的推进。他在绝望中在紫禁城北面的景山上自杀了、离我现在站的地方不远。满族通过军事征服建立了清朝、一百多年后、他们仍然通过以马术和射箭为主的强大武装力量保持着辉煌的统治。因此、在少数两百万满人统治着一亿汉人的情况下、天命神授在今天的繁荣中可见一斑。

作为武术爱好者、我发现格斗的演变很有趣、从村一级发展到一个大国的规模。就连"国"字、也表达了受武器保护的边界。我们有两支常备军、满族八旗军超过二十万、一半驻扎在北京、另一半守卫着主要城市。以汉族为主的第二支军队是绿营兵、绿营兵的规模是旗军的两倍、驻扎在全国各地。

平定西域之战、细节。郎世宁的蚀刻版画(1759年)。克利夫兰艺术博物馆(Cleveland Museum of Art)。公共领域。

1775年到1779年间、清军稳定新疆北部和西部边界、严厉镇压了蒙古准噶尔部的叛乱。我们新的画作、描绘了其间发生的一些著名战役、五十多万军队被消灭、只有五十名蒙古人逃走、蒙古人的影响力被大大地削弱了。西藏也在我们的控制之下、我们还引导其他少数民族重新定居到这一地区、例如回族和维吾尔族。在川西、金川土司也已被镇压（1747-1749）。然而、最近对缅甸的入侵（1765-1769）对乾隆皇帝的军队来说是灾难性的、有七万多名士兵和四名指挥官死亡。我敢肯定、皇帝很快就会派出另一支军队。另外、自十七世纪英国商船到来后、乾隆皇帝于1757年明智地决定将所有对外贸易限制在广州。由于所有这些措施、我们心脏地带的安全让我们能继续享受和平富足的生活。

扩充兵力需要很多兵器、乾隆皇帝意识到攻防兵器的设计和制造需要标准化。新的武器产品包括了大弓、头盔、长矛、剑、长刃军刀、矛和火枪。根据1759年的一份文件、《皇朝礼器图式》为我们提供了一份武器清单、其中包含有关其制造的详细信息。除了许多长短武器外、我们还可以添加火绳枪、自从明朝时期葡萄牙人把它们带到这里、我们就一直在使用它们。在康熙皇帝（1662-1722）时期、火器无疑是军队中非常重要的一部分。戴梓最近发明了连发枪、可以连续发射二十八发子弹、这是对明代三十二发多管火箭发射器"蜂群"的改进。清朝的成功在于对文武两方面良好平衡的关注、我们看到武术的价值观在我们的文化中不断体现、包括在文学、艺术和建筑方面。

因为来自河南的一个小镇、我还是比较喜欢个人的武功、而不是大规模的军事行动。地方长官确实为省甚至小村庄保留了当地的兵勇、在日常的观察中、我们接触到了与国家、省、村有关的武术。与职业军人的生活相比、作为一个由志同道合者组成的小圈子里的个人、我更能享受练武的乐趣。

搏击法则

自从1614年耶稣会士利玛窦和徐光启将欧几里得《几何原本》的前六册翻译成中文、西方数学概念为我们提供了一种新的看待世界的方式。我在院子里练武时、常常想到运动的几何学和人体的结构、我们怎样移动？身体各部位之间的关系是什么？我可以利用数学定律和应用来提高我的搏击技巧吗？

每一个格斗姿势都有一个形态、每一项技巧都由一系列动作构成、从一个姿势自然流动到下一个姿势。对于武术、我常常首先将个人姿势看作静止的建筑设计、在重量和重力的影响下、有一个基础、其他部分落在它的上面、如此特殊的人类平衡的形式！我们可以做出多少符合人体结构完整性的所有标准的格斗姿势、我对这一点一直很惊讶。就像在一个正方形内可以写几千个汉字一样、每个汉字在所有部分之间都保持平衡。

武术并不是静止、因此在寻求理解它们的过程中、运动物理学发挥了作用。我们在运动中看到了生动的几何学——直拳、带角度的推、盘旋踢、打开和关闭、挤压和伸展等等、所以、我花了很多时间研究每个动作。正确对齐对于优化每个动作至关重要、同时限制了对身体任何可能的伤害、这毫无疑问为身体部位赋予了强度、为运动辅以力量。

　　我们对静态姿势和运动技巧的理解影响到我们练习武术的方式和应用武术的有效性、许多练习者试图在他们的动作中应用静态姿势的规则。由于冰和水的性质不同、所以武术中动与静的性质也不同、保持静止的平衡与运动的平衡并不一样、直线打击的动力来源与曲线打击的动力来源也不相同。

　　我们根据自己的身体状况在时间和空间中表演武术。我们的练习和我们对一些因素的了解有关、这些因素包括我们实际上如何移动、利用我们的肌肉力量、灵活性、呼吸和骨骼的运动范围等等。随着对自己身体运动的动力学越来越多的了解、我们也就能更好地理解武术是如何以及为什么被用来对抗任何对手的、当然、这些对手的运动也受这些相同的物理定律的支配。

防御和进攻的角度

　　距离北京的中心不到三十里就是卢沟桥、也有人叫马可波罗桥。它五百多年前始建于永定河上、1698年、康熙皇帝下令重建、五十年前在桥的东头建造了宛平炮台、石桥和堡垒建筑展示了建筑师对如何通过增强结构的强度以抵御军事进攻和自然侵蚀的理解、这让我们有机会了解桥梁和防御工事的石造部分和武术的关系。

　　堡垒主要是为了防御而建造的、墙壁必须又高又厚、能够承受大炮的轰击。一座桥设计的目的是跨越一条河流的宽度、并支撑通过它上面的任何交通工具的重量。然而、如果桥上的压力超过结构所能承受的物理压力、它就会崩塌。从这个例子得出的原则同样适用于自卫时构造对手无法动摇的稳定姿势。因此、许多练习者通过各种练习来增强自己的身体、他们还寻求最强有力的进攻和防守姿势。

我过去几十年遇到的许多大师都同意的一点是：武术家必须强健体魄。但有一位大师、他相信一个人应该争取实现完善的身体技巧的对齐、但并不依赖它来获得力量。事实证明、他的理论是非同凡响的、他可以轻松地从四面八方摔倒对手、而其他人则只能寻找他的中心、就像试图抓住烟雾一样。他对此驾轻就熟、可以毫不紧张地应付任何进攻。以下是他用来说明他的理论原则的几个例子。

比如两个实力相当的人、攻击者右手出拳进攻、防守者向左侧迈步避开迎面而来的拳头、同时将手臂从左向右旋转、用右前臂在对方手腕处格挡迎面而来的手臂、用左手抵住肘部、继续移动、让对手的手臂靠在他的身上、同时向前推。

如果对手反抗并且手臂向前平推、那么他的推动很可能失效、即使推力很大、从物理学上来说对他也并不利、反抗者可以用地面对后腿的反作用力增强他的阻力、这让推动的人实际上感觉他正在努力推动大地、他在把对手的手臂推向其重心、腿和地面。和平推相比、改变方向稍微向上推动就变得容易很多、因为这切断了对手后腿和地面之间的连接。通常、如果有人出拳被挡住或架开、他就会后退、如果后退的动能和后退的动作同步、推动将会更加容易。

也许另一个例子会让我们更容易理解角度在进攻和防守中有价值的用途。让某人以右弓步的姿势面对你、右臂处于防御位置、手掌朝向胸部。你可以采取正确的姿势、将右手靠近他的手腕、另一只手靠近他的肘部、在他反抗时慢慢推动、逐渐加力、由于两边的力相等、双方的力量将按比例增加、可以达到很大的张力、这时候他的脚的位置就很适合抵抗或向前推动。

这时候、与其向前推、不如将右手放在对手的左肩上、从右向左推他、与他的脚形成的直线约成90度角、这样的推动就很容易成功。你也可以向右侧迈出一步、然后向同一方向推动。虽然他的双脚处于正面抵抗的得力位置、但无法帮助他从侧面对抗你的推动。

我们明白某些角度比其他角度更适合进攻、同样、某些角度也更适合防守。每个姿势都有优点和缺点、学习角度对于防守和进攻的价值对我们很有好处。

分析和直觉

我在北边的承德避暑山庄度过了几个夏天、那里是皇帝们逃离北京的酷热的地方。为了能在那里继续他们在京师的所有日常活动、避暑山庄的广阔区域里设置了宫殿、行政办公室和仪式性建筑。我经常有机会参加韶乐、也就是宫廷音乐会、演奏的乐器有古铜钟、玉磬、竹笛、鼓和弦乐器等、旋律和共鸣是如此令人欣喜若狂！

回想起那些职业乐手在避暑山庄的演奏、我意识到他们的艺术和武术是并行不悖的。我们有机会聆听盛世中的音乐家们完美而充满激情的演奏。然而、这些音乐家并非天生就具有这种才能、他们经历了学习过程、我和一些著名的音乐家讨论了这个问题、他们告诉我他们是如何掌握乐器的。

皇家宫廷音乐极其复杂、基于五音阶和不同的拍号、切分音和节奏变化、简而言之、学习如何读懂乐谱需要很长时间、最重要的是学习如何演奏乐器本身。成为宫廷音乐大师的目标是艰巨的、学习是一个努力钻研、记忆、分析、纠正和年复一年练习的过程。

在这个特定的音乐领域中、许多演奏者达到了可以读懂并演奏乐谱的程度、他们演奏的声音听起来有些无精打采、因为他们必须非常专注于演奏技巧。只有少数人突破了精神的限制、他们通过提高技能达到了一个临界点、能够不再依赖于看乐谱或思考乐器上音符的位置、他们获得了用更少的思考和凭更多的直觉演奏的能力、从而使音乐更加鲜活生动。

武术家与音乐家经历了相同的学习过程、我们也必须专心钻研、记忆、分析、纠正和完成多年的练习。有达到艺术大师水平的决心的人很少、能过渡到更多凭直觉演奏的水平的人更少。分析和记住所有技巧需要敏锐的洞察力、但往往当头脑仍然在思考时、很难让情感和直觉融入表演。

一些音乐家和武术家过于理性、不允许他们的技术纯粹地流动。演奏时结结巴巴的音乐家会失去预想中的旋律、运动时磕磕碰碰的武术家会丢了性命！思考会干扰表演和运动、只有经过多年的练习、才可以过渡到更有直觉的水平、在这个水平上、个人技能高度体现在技术随着实际情况而呈现、音乐如此、武术也一样。

赏心悦目

正如我们所期待的、中国的所有艺术都展示了多种多样的技巧和风格。许多民族都在我们国家留下了印记、西方的影响力越来越大、满族的感召力也很强。从业余爱好者到最熟练的艺术家、艺术在当今中国蓬勃发展、包括武术。作为一门专注于身体运动的学科、搏斗艺术和其他体育活动有很多共同之处、例如舞蹈、运动以及许多需要专业技能的日常工作。甚至动物们也能以它们的运动方式让我们感到愉悦、比如在树上表演杂技的猴子、奔驰的骏马、翱翔的雄鹰、跳跃的青蛙或在水中游动的鲤鱼。

在武术中、我们一眼就能看出许多与运动美有关的品质。我们经常按我们认为正确的标准来评价表演、这些标准包括优雅、流畅、力量、平衡、准确、节奏、协调、控制、灵活和其他品质。尽管我们在武术中看到了如此多的美妙之处、但评价它们并不是那么容易、有些甚至复杂到夸张的地步、有些则微小到让大多数人都无法注意到他们所隐藏的秘密。

所有的风格都是人体的天生特质和自然环境的统一、例如、无论风格如何、任何跳跃都是在考虑重力的情况下完成的。武术家们能敏锐地感受到身体的能力、肌肉张力的变化、能量的消耗以及在时间和空间中的移动。除了身体的感受、武术表演还能带来运动的享受、特别是在欢欣鼓舞的环境中、表演者的精神状态与活动密切关联。

武术激发最有天赋的练习者达到人类运动的完美境界、正确的练习能启发人们了解身心运动的独特性、医学和科学专家详细诠释了由此产生的许多潜在的健康好处。所有这些都有助于刻画武术的天然的美、练习武术的主要动力是为了享受创造这些奇妙的美的乐趣。

波的流动

如果走在新疆的路上、你可能会被一阵强风吹倒。或者、如果站在青岛的海滩上、你可能已经看到黄海汹涌的潮汐冲上海岸线。许多格斗技巧复制了风和空气的波动模式、空气和水本身是中性的、它们可能造成的损害并非直接来自它们、而是来自驱动它们的动力源。拳头不会自行击打、而是向外发力、像炮弹一样向目标飞去。

在鞭子的运动中可以看到波的运动的另一个例子、一个人握住木柄、向后然后向前摆动、将皮鞭指向目标。皮鞭是中性的、是人的向外引导让它产生了啪啪作响的冲击力。借助于风、水或皮鞭、我们观察到对着特定目标点的翻滚运动、能量波像来自电源的电流一样向外运动。

那些武术的初学者通常会尝试仅仅用手臂的力量推动或只用腿的力量踢。这些方法当然有效、但它们反映出低水平的技能、大师们使用波浪式的全身运动、效率更高、威力更大。我们可以用双手前推作为示例。

开始时、弓步站立、双臂朝前。想象一下将臀部移动一个圆圈：开始向后和向下移动、在后腿上下沉、然后以弧线形向前移动。向后运动时会将手臂拉向胸部、用下沉的动作降低你的身体、然后将双手向上弯曲到前面。

练习上述方法、进攻者用双手推向你。通过你的旋转运动、你的前臂向上移动以迎接他即将到来的进攻、将他拉向你、但向外格挡他的手臂。当他试图撤退时、继续向下旋转你的臀部、然后向上执行你的推动。

这里重要的是让双手随身体运动。当你向后移动时、一开始你可能会远离你的手！当身体向后运动达到最大时、你的手臂会赶上胸部。随后、当你开始向前运动时、双手开始推动、当身体向前运动达到最大时、手臂继续向前。在整个运动过程中、能量来自腿部并由腰部引导。运动的结束、也就是推动、是全身运动的结果。能量作为一种波、从腿穿过身体核心、到达手臂、再到达手、这是一股巨大的力量流、如果手放在对手身上、他就会接收到力。这种类型的波的力量只有在身体放松并快速移动时才有效、任何僵硬都会阻碍运动。水和空气没有张力、他们却能发出巨大的力量。

在各种技术中体验波流的概念、手部技术是最容易想象和实施的、腿部技术也利用了这一原理、但可能需要时间来弄清楚如何实现。例如、踢腿不应该先移动腿、它通常从移动和转动腰部开始、腰部运动将大腿拉到位、腿的其余部分会跟随、波流仍然流过身体到达脚下。即使是肩部的打击也可以利用波流、连续移动和转动腰部进而推动肩部。

正确使用波流创造了一种美丽的技巧。当身体带着张力体验波流时、情况可能会非常可笑、正确使用波流的技巧需要一些年头的练习、不要放弃、耐心和时间的投入是值得的。

冥想：训练心智

　　大约三千年前、庄子写过关于坐忘：坐而忘。从那时开始、发展出了一系列丰富的冥想技巧。冥想受到了一些来自印度的影响、但现在大多都与佛教和道教有关、两者之间的冥想具有许多共同特征。冥想练习有充分的理由影响武术传统。

　　佛教的冥想具有强烈的精神性、追求了悟、是一种超越意识的状态；道家的冥想也是为了清心、但注重健康和长寿、这两个传统的基础是使心灵平静的方法。标准的身体练习是坐在一个静止的位置、但有些学校要求站立、躺下或包括有节奏的运动、无论身体姿势如何、精神上的锻炼都最重要。

　　一种常见的冥想练习是把注意力集中在一件事情上、比如呼吸或蜡烛火焰。一些流派喜欢观想身体的器官、特定的神灵或能量通路。其他人则想到了前往圣山、异国甚至月球的精神旅行。冥想方法的多样性带来了明显的好处、包括释放紧张和保持头脑清晰。

　　冥想对武术家有什么特别的好处？要回答这个问题、我们需要看看一个人在格斗中的表现。当一个人处于任何严重的暴力对抗中时、通常会被恐惧所淹没、紧张贯穿全身、呼吸变得困难、头脑混乱、这些甚至可以废掉一个好的武术家。冥想练习可以缓解紧张并训练一个人保持冷静的头脑、因此、它们有助于武术家在格斗中正常发挥、平静的内心也可以稳定情绪、否则这些情绪可能会影响一个人的判断力并对搏斗技能的发挥产生不利影响。

　　另一个好处是冥想促进了对自我和周围环境的意识。当一个人有更多的自我意识时、更容易掌握格斗技巧、在搏斗中、注意到对手和环境是对自己有利的。

　　只是告诉一位学生要放松对他基本没有什么帮助。放松面部、颈部、肩部、手腕……和任何由此产生的身体的变化都被证明只是暂时的、紧张局势很快就会恢复。为什么呢？因为紧张可能会渗透到身体中、但解决方案不是身体上的、在大多数情况下、紧张来自于心态、恐惧和愤怒是重要因素。因此、已经证明冥想技巧对武术家是有帮助的、可以使培训更有成效、能提高技能、还可以养生。

武术的智慧

早在夏朝（约公元前2070至约公元前1600年）初期、当伟大的部落祖先在黄河流域繁衍兴盛时、武器被用来对付动物和人类。长矛通过增加距离来提供安全措施、是狩猎和战斗的主要工具。自那个早期时代以来、战争取得了多么巨大的发展！

很多人不了解搏斗艺术已经进化了多少以及它们为我们的文明贡献了什么。从技术角度来看、我们知道这些艺术用于进攻、包括击打、摔跤、锁定和突破。这是一种简单的描述、这些功用可以成千倍地放大。

击打？哪些类型的击打？手部的进攻可以通过一个或多个指关节、反手、边缘或手掌来完成。锁定可以是单个或多个关节的区域、有的高手居然可以完成全身锁定、完全可以流畅快速地固定住一个对象！在我们的生活中、我们很少能看到所有可能的格斗技巧。技能最高的大师们聪明地保护他们的学问不被公众所知、我们所看到的只是相对狭隘的一瞥、再加上种类繁多的器械、对武术知识的深度真是很难全部领会。

搏斗技巧不仅仅是动作、我们必须记住、它们的发明有详细的解剖学和心理学基础。在高层次的练习中、大师们知道如何攻击身体的外部和内部部位、包括医学专业中提到的要害。冒犯性的攻击也可以通过心理完成、导致受到攻击的人感到恐惧和失去信心、这里用到的工具可以非常微妙、例如在着装、器械设计、言语和举止上。

除了冒犯性格斗的知识体系之外、还有同样庞大的防御知识体系。这里有很多是相互关联的、但知识和技术的应用方式可能有所不同、例如逃避攻击、逃离控制和反击行动。

如果要把中国武术的深度和广度写下来、会是一本多卷本的百科全书，它将包括对所有个人搏斗技巧的概述、练习套路以及徒手和器械的对练。医疗信息将伴随着健康和长寿的多个方面、人体解剖学研究将显示身体在运动时发生的情况或接受技术的结果、当我们看到所有这些细节时、我们就能更好地欣赏武术传统、了解武术练习如何激发人的身体和心灵的巨大潜力。

武术、宗教和治疗

　　武术家是乡村、省级和国家各个社会阶层中不可或缺的一部分。他们代表了与强大的清军有关的个别的宗族风格、地区体系和格斗者。无论他们的社会地位如何、他们在搏斗艺术和相关的危及生命的危险方面都有共同点。死亡和受伤的可能性无时无刻不在、因此武术家自然而然地崇尚宗教、健康和医疗。

　　一个武术家不能不想到死亡。死亡之后是什么？你做好离开这个世界的准备了吗？答案主要来自于精神传统。佛教始于一位名叫乔达摩·悉达多的武士王子、佛教与"生命就是苦难"的前提有关、摆脱痛苦的途径是超脱、这个想法非常适合必须面对格斗的人、它解放了思想和笼罩着思想的情绪、让战士准备好全力以赴、佛教的禅修对达到这种精神状态很有用。轮回的教义给了搏斗者一个回到另一个生命阶段的愿景、或者也许是了悟、为一个正义事业而奋斗也能修得好的业力、这些行动可以将一个人带到一个更好的地方。

　　道教的禅修有助于为战斗做好准备、这与佛教传统非常相似。有一些相关的练习可以帮助人们为战斗做好身体准备、例如专门的伸展运动、呼吸练习和内力的培养。很多人相信居住在昆仑山和渤海边的山东省沿海五个岛屿上的神仙的道教故事。道士以表演高超的绝技而闻名、他们让许多人相信、他们可以所向无敌并永世不朽。

　　因为武术家可能会受伤、所以需要医疗和治疗技能和技巧、许多大师把这些作为他们教学的一部分、他们可以治愈练习或实战时可能发生的瘀伤、骨折、割伤和其他伤害。一些培训是预防性的、但大部分是恢复性的、治疗方法包括针灸、艾灸、正骨、按摩和中草药治疗。在极端的情况下、我们必须求助于专家、例如外科医生。

近两千多年来、《黄帝内经》一直是标准的参考书、今天、我们还有一部伟大的百科全书、即1728年出版的《古今图书集成》、它包括大约520个关于医学的章节。最新的则是吴谦在1742年所著的《医宗金鉴》。

严肃的武术家有兴趣不断发展他们的技能和加深他们的知识。格斗者们与宗教、健康和治疗传统有着天然的联系、高级大师们认为、能造成伤害、也应能治愈、即阴阳平衡。

实验、检验和证明

我有很多有关我的武当山老师刘坪善的拳法的问题。

"武当派中哪种最实用？少林、回族、南派、北派、各有什么出众之处？"

"没有。"他说。"他们都有长处和短处、尤其是当我们考虑到谁来展示这种风格时、由一个天赋不足的人所表演的优异风格看起来不会很有前途、而一个杰出天才表演的蹩脚风格也肯定会令人生畏。"

刘大师告诫我不要单凭名声来决定哪种风格或技术更好。

"不要依赖于来源地、流派的名称或名师的话"、他说、"而且、不要因为你信任我就相信我说的任何话、老师的信念和行为是不容置疑的、但师父的好意和对学生的关心应该始终受到尊重。"

我对如何继续我的武术学习感到茫然、但刘大师给了我一些很好的建议。

"观察各种风格和技术、不管它们的起源和声誉如何"、他说、"听听你有幸遇到的任何老师。"

接下来、我们聊得似乎跑题了、他开始讨论丰富的草药传统以及如何在几个世纪内推广草药药典。自两千多年前神农氏写出《神农本草经》以来、又增加了许多救命药、有些来自深山隐士、有些来自政府资助的医学院。使用的草药来自国家的每个角落、甚至在我们的国界之外、刘大师把这段历史和武术联系在一起。

"为了了解中草药独特的治疗能力、已经检验过数千种了"，他说。"即使是毒药也能用作解药！仔细试验是个好方法！"

他说完全相同的流程有助于武术的发展。

"尽可能从其他人那里收集信息和技术、和你的情况一样、你的老师允许你和其他老师一起学习、你的水平已经很高了、所以他给你介绍了其他高手。还可以通过观察那些可能与武术间接相关的从事其他工作的人学习、例如建筑工人、厨师和农民。还有向自然学习、看竹子如何弯曲、水如何流动、闪电如何攻击。"

最后、刘大师的建议是：任何武技的效率、都需要尽可能以实际的方式检验并验证。他强调、我们应该检查看起来很有前景的理论、以及可能看起来明显有缺陷的理论、这样、我们可能就会对我们能学到的东西感到惊讶！

后记

杨明璘为我们提供了一种对十八世纪中叶中国武术的独特见解、虽然这不是他的本意、他做的笔记是给自己的、也可能是给他的耶稣会朋友郎世宁的。他的作品没有关注一种特定的风格、它们的历史或技巧、他看得更深刻。六十四个主题涉及实用的武术原理和快乐的学习过程。

杨是他那个时代的人、但并不是普通人。他生活的时代正值清朝文化辉煌的高峰期、见证了世界上最伟大的首都之一的罕见历史画卷的展开。在北方满人征服中国的过程中、他们吸收了中国文化、包括统治方式甚至服装风格。他们没有以完全奴役的身份征服被征服者、而是将中国人置于许多官方职位上。从1644年到1912年、随着满族君王们相继成为天子和合乎自然秩序的合法统治者、一些中国人欢迎他们成为天命神授的真正继承者。

来自河南的一个小村庄的杨、想成为宫廷画家、一定有着过人的艺术功底。他受过良好教育、经常旅行。在北京、他在开放合作的国际氛围中工作、他被各种形式的古代和当代的艺术珍品所包围、包括来自西方的艺术和科学。

我们对杨在北京的生活的了解揭示了他是如何成为一

名武术大师的。关注细节的画家必须有敏锐的观察力、而他也有研究格斗的天赋。虽然很多人都排外、但杨对其他人和文化非常开放、他热爱东方和西方的哲学、创造了一种学习方式、让他在绘画、武术、音乐、文化和可能的各个领域受益匪浅。

我们没有关于杨的武术背景的全部细节、但我们知道他在他的第一位大师指导下以传统方式学习。他在其他武术家中享有盛誉、许多人在他们的圈子中接受了他、只有当他们信任他并钦佩他的品格时、他们才会这样做。

杨大师是一位先驱、他有包容的思维方式、他认为武术是一个整体而个人风格只是支流。我们希望通过在本书中展示他的笔记、让今天的许多人能从杨明瑛在武术史上的地位中受益、愿他激发对中国武术这一珍贵且多方位的学科的进一步研究、实践和发展。

上：杨清玉大师笔下的汉字"道"。
下：中国剑。藏于纽约大都会艺术博物馆
(The Metropolitan Museum of Art, New York)、
乔治·C·斯通(George C. Stone) 的遗赠、1935年。
公共领域检索号：36.25.1484a

1976年、德马科开始在台北228和平纪念公园跟随杨大师学习。照片拍摄于2017年。

1989年、台湾埔里的杨清玉大师和迈克尔·德马科(M.DeMarco)。

杨师傅于台湾埔里、1989年。

楊明璸

贝丝·鲁吉罗·约克
(Beth Ruggiero-York)摄
由Shutterstock提供
编号：1232657881

索引

对齐, x, 9, 11, 13, 24, 26-28, 42, 44, 46, 53, 58, 64, 73

角度, 3, 11-13, 28, 33, 46, 48-49, 72, 74, 79

射箭, 9, 28, 64, 70

意识, xiii, xvii-xviii, 5, 7-8, 10, 20, 23, 26, 32-33, 41, 46, 49-50, 52-53, 58, 71, 75, 78, 81

平衡, x, 2, 7-10, 12, 19, 21, 26, 29, 34, 44-45, 56-58, 65-68, 72-73, 76, 81

达摩, 1, 38, 80

《易经》, 32

弓步, 28, 59, 64, 74, 77

呼吸, 20-21, 24-26, 38-39, 43, 45, 73, 78, 80

英国, 52, 71

刀, xiv, 10, 47, 61

搂膝拗步, 62

涌泉穴, 8

佛教, x, xix, 1, 4, 38, 51, 78, 80

书法, x, 1-2, 5, 14-15, 19, 55

毛笔, 1-2, 14-15, 19

炮, x, xvii, 60-61, 64, 73, 77

郎世宁, xv-xvii, xix, 1, 64, 67, 71, 82

天师道, 38

苌乃周, xiii, xvi-xvii

马拉的战车, 60

陈式太极拳, 9, 64

陈善志, xvi

陈家沟, xvi, 65

陈长兴, xvii

承德避暑山庄, 74

蒋介石, xviii

秦始皇, 37

崇祯皇帝, 70

《古今图书集成》, 81

儒教, xix, 10, 19, 31-32, 41, 45, 50, 69

连发枪, 72

道, xiii, 1-2, 4, 13-14, 20, 24, 30, 32, 34, 36-39, 42, 44-45, 51, 55-56

《道德经》, 30, 32, 36, 54, 56

道教, 7, 10, 19, 25, 32-33, 35, 55, 65, 78, 80

龙脉, 44

杜侠祐, xvi

八旗, xvii, 71

八段锦, 38

八卦, xiv, 51

肘, 13, 15-16, 19-21, 24, 26-28, 41-42, 44-48, 53, 57-61, 64, 74

丹田, 41

娱乐, x, 4

外丹, 38

恐惧, 6, 19, 25, 30, 78-79

搏斗距离, x, 13, 16, 47, 61, 66, 69, 79

《五禽戏》, 4, 39

五行, 2, 33-35, 37, 51

形意拳, xiv, 2

（书房）四宝, 1

葛洪, 38

《医宗金鉴》、81

《大清律例》、28

绿营兵、71

健康、、x, wviii, xix, 1, 4, 7, 20, 28, 30, 38-39, 41, 44-45, 54, 64-65, 68, 76, 78, 80-81

侯店村、2

华佗、4, 39

《皇朝礼器图式》、72

不朽（仙）、13, 39, 43, 80

灵感、10, 53-54

内丹、2, 38

铁蛋、64

铁环、64

康熙皇帝、72-73

老子、1, 20, 30, 32, 34-38, 50, 54, 56

刘坪善、81

逻辑、28, 45, 65

长拳、50

长河拳、65

吕洞宾、39

满族、xvii, 64, 70-71, 76, 82

天命神授、70, 82

马可波罗桥、73

武术世家、x, 30-31, 51, 69

《神农本草经》、81

冥想、20, 38-39, 78-79

军事、xiii, xv, xvii-xviii, 4, 38, 47, 64, 68, 70, 72-73

明朝、30, 40, 70, 72

镜子般的心灵、30

峨眉山、43

肌肉力量、2-3, 6-11, 19-22, 26-27, 29, 42, 44-45, 59, 65 73, 76

《易筋经》、4, 38

自然、x, 1, 4, 7, 13, 16, 19, 25-26, 28-29, 32-33, 37, 39, 42, 44-46, 52, 54-56, 58-60, 64-65, 69, 72-73, 76, 80, 82

《纪效新书》、xiii

无为、37, 42, 55

视错觉、61-62

《水浒传》、50

葡萄牙、xiv, 72

能量来源、xix, 63-64, 73

螳螂、50, 53

戚继光、xiii

乾隆、xii, xv-xvi, 64, 71

放松、x, xvii, 7-11, 14-16, 19-20, 22-26, 28, 42, 45, 52-53, 59-60, 63-66, 77, 79

阻力、27-28, 74,

利玛窦、xiv, 72

套路、23

宫廷音乐（韶乐），75

Schall von Bell, 约翰·亚当, xiv, xvii

海底针、62

秘诀、x, xviii, 7, 9, 45, 59

敏感性、15, 68

山东省、2, 80

少林拳、xiv, xvi, xviii, 4, 68, 81

少林寺、xvi, 68

肩部、8, 15, 22, 26-28, 41, 48, 53, 78-79

技能水平、x, 1, 5, 10, 18, 23, 46-47

宋庄村、xvi, xviii

89

枪, xiv, 47-48, 60-61, 64, 71-72

自发性, x, 14, 37, 54-55, 69

棍, 47, 61

站立, 4, 7-9, 16, 25-26, 28, 46, 51, 53, 60, 62, 77-78

挺劲, 22, 58

剑, xiv, xvii, 2, 30, 39, 47-48, 50, 60-61, 71, 83

导引, 38, 45

强项和弱点, 58

至尊终极（太极）, 35

蜂群, 72

老师, xvi, xvii, 5, 16-17, 25, 28, 31, 40-41, 46-49, 54-55, 59, 63, 68-70, 81-82

师徒, 41, 69-70

师父, xviii, 14, 17, 22, 29, 31, 40-41, 48, 66, 69-70, 81

万物, 7, 32-37, 46, 56

张力, 3, 10-11, 25-26, 28, 59-60, 63-64, 74, 76-78

三宝, 38

三焦, 39

梵蒂冈图书馆, x, xv

元气, 2, 38, 45-46

宛平炮台, 73

防御, 4, 6, 16, 18, 22-23, 43, 47, 52-53, 57, 59, 61, 73-74, 79

水符号, 1, 20, 30, 34, 45-46, 56-57, 73, 76-78, 82

波流, 77-78

器械, x, 4, 19, 47-48, 56, 60-61, 68-69, 79-80

承重, 15, 42, 66

白云观, 39

白马寺, 43

武当山, xvi, 13, 81

形意拳, xiv, 2

新疆, 71, 76

杨式太极拳, xvii-xviii

杨露禅, xvii

杨明瑛, x, xiii, xv-xix, 82-83

杨清玉, vii, xviii, 83-85

黄帝, 4, 60

《黄帝内经》, 81

阴阳, 7, 9, 34-35, 37, 47, 51, 81

雍和宫, 43

雍正皇帝, xiv

岳飞, 38

庄子, 10, 32, 36-37, 78

笔记

www.ingramcontent.com/pod-product-compliance
Lightning Source LLC
Chambersburg PA
CBHW071528080526
44588CB00011B/1592